KB081770

나는 성을 가르칩니다

이 도서의 국립중앙도서관 출판예정도서목록(CIP)은
서지정보유통지원시스템 홈페이지(http://seoji.nl.go.kr)와
국가자료종합목록 구축시스템(http://kolis-net.nl.go.kr)에서
이용하실 수 있습니다.
(CIP제어번호 : CIP2020010250)

나는 성을 가르칩니다

집, 학교, 교도소,
상담실에서 해온
성교육 수업

조아라 지음

마티

들어가며

벌써 몇 년 전 일이다. 강의를 하루 앞둔 저녁, 담당자에게서 불쑥 연락이 왔다. 학생들 수준도 천차만별이고 학부모 요구도 다양해서 성교육 강의에 민감해질 수밖에 없다고 운을 떼며 기억에 남을 만한 요청 사항을 남겼다. "학생들이 성교육을 받고 집에 가서 얘기했을 때, 부모님에게 그 어떤 감흥도 주지 않는 성교육을 할 것."

현실적인(?) 성교육이 아이들에게 성적 행동을 장려하는 것일까 두렵고, 이것이 나중에 민원으로 돌아올까 봐 걱정되어 차라리 '안전하게' 가는 쪽을 택한 것이다.

세월은 흘렀지만 상황은 별반 달라지지 않아서 공교육 기관에서 외부 강사에게 의뢰하는 성교육은 엄밀히 말하면 '성폭력예방교육'이다. 이러니 아이들은 성교육에 별로 기대를 갖지 않는다. 그에 반해 보호자 성교육에 대한 관심은 뜨겁다. 의무도 아닌데 학교든 사설 기관이든 쫓아다니면서 성교육을 듣고 강사의 말을 한마디라도 놓칠세라 집중 또 집중한다. 하지만 그런 열의에도 불구하고 듣고 느낀 것을 실생활에 어떻게 적용해야 할지 몰라 우왕좌왕하는 보호자가 많다.

아이들은 사실상 '느낀 점' 따위 없는 성교육을 받고 있고, 부모는 강의 시간엔 깨달음을 얻은 듯 고개를 끄덕이지만 정작 아이 앞에서는 입도 떼지 못하는 교착 상태만 지속되고 있는 셈이다.

그래서인지 요즘은 개인이 삼삼오오 모여 신청하는 성교육이 인기다. 보통 부모가 신청하고 자녀들이 들으니, 일종의 '성교육 과외'라고 할 수 있겠다. 공교육현장에서 성교육이 충분히 이뤄지지 않는다는 걸 모두가 어렴풋이 알고 있단 뜻이다. 그러니 불충분한 내용을 보충하긴 해야겠는데, 무엇을 얼마나 어떻게 전해줘야 할지 막막할 때 자신을 '대리'해줄 사람에게 기대고픈 심리가 '성교육 과외' 현상으로 번진 듯싶다. 이때에도 10대 청소년은 신청해주면 몸만 와서 교육을 듣는 쪽이다.

사실 돈과 시간을 들여 성교육을 들으러 온다는 것은

한편으로는 그만큼 성교육이 중요하고 필요하다는 인식이 높아졌다는 것이기에 강사로서는 기쁘고 감사한 마음이다. 하지만 특강 한 번으로 성교육에 대한 보호자의 책임을 슬그머니 미루는 건 아닐까 걱정된다. 무엇보다 '정답'을 알려줘야 한다는 압박감에 짓눌려 아이와 함께 성에 대해 이야기 나누며 깨달을 수 있는 소중한 것들을 놓쳐버리는 건 아닐까 안타깝기도 하다. 이렇게 성은 누구나 이야기할 수 있는 것이 아닌 특정 전문가만이 말할 수 있는 영역으로 굳어지고 있다.

이런 고민이 깊어지던 차에 이 책을 썼다. '성'이 '교육'이라는 이름으로 전문가에 의해 정답이 제시되는 것이 아니라 우리 모두가 공감하고 고민하고 즐길 수 있는 이야기로 다가가기를 바라면서 집, 학교, 교도소, 상담실에서 내가 느끼고 깨달았던 것을 써 내려갔다.

흔히들 떠올리는 이미지와 달리 성교육 강사는 10대 청소년 대상의 교육만 하진 않는다. 갖은 분장을 하고 유치원 성교육에도 나가고, 피해·가해 청소년 상담도 진행한다. 때론 지적장애가 있는 가해자를 만나 교육을 진행하고, 교정시설에 찾아가 성인 성범죄자 재범방지 교육도 실시한다. 성교육과 성폭력예방교육, 음란물 예방 및 대처교육, '양성평등' 교육, 재범방지 교육 등은 완전히 다른 틀로 진행되며, 때마다 강의안도 당연히 다르다. 세세하게는 가르치는 사람이 어떤 목표를 가지느냐에 따라서도 강의 분위기와 강조점이 달라진다. 생각보다 다채로운 결이 성교육에 있는 것이다.

이 책에서 다루는 사례들은 인물이나 사건이 특정되지 않도록 익명 또는 가명을 사용했고, 맥락과 본질을 해치지 않는 선에서 조심스럽게 다듬었다. 이 가운데 여섯 개 글은 교육전문지 『민들레』 기고했던 것으로 수정과 보완을 거쳤고, 나머지는 모두 새로 썼다. 그간 해온 교육을 돌아보며 조금은 부끄러웠지만, 스스로 모자랐던 부분까지도 꾸미지 않고 솔직하게 쓰려고 노력했다. 그래서 유난히 날 것이었던 이야기를 부족하다 여기지 않고 '더 알고 싶은' 이야기라고 격려해준 출판사가 아니었다면 이 글들은 내

일기장에만 머물렀을 것이다. 도서출판 마티에 깊은 감사를 전한다.

가르치는 사람과 배우는 사람의 목소리를 있는 그대로 담으려 애쓴 이 책이 더 풍부하고 다양한 색깔의 성교육을 만들어나가는 데 작은 보탬이 된다면 더할 나위 없이 좋겠다.

100명이 있다면
100가지의 성이 있어요

어린이집을 다녀오는 길, 딸아이의 표정이 심상치 않다.

"어린이집에서 무슨 일 있었어?"

뜸을 들이던 아이가 대답했다. "엄마, 나 결혼하려고."

속으론 웃음이 터졌지만 심각한 얼굴을 한 아이를 실망시킬 수 없어 다시 물었다.

"그래? 누구랑?"

"주현이랑."

"너 주현이 사랑해? 주현이도 너 사랑하고?"

아이는 긴장했던 얼굴을 풀고 목소리를 높였다. "그럼!"

순식간에 몰아친 고백에 숨이 가쁜 듯 아이는 한 박자를 쉬더니 못내 쑥스러워하며 덧붙였다. "엄마, 나 사랑에 빠진 것 같아요."

우리는 각자 다른 이유로 두근거리는 가슴을 안고 집으로 향했다.

뭐라고 대답해줘야 할까?

문득 궁금해졌다. 여자 친구인 연아와도 친한데 딸아이는 왜 남자 친구인 주현이와 결혼하기로 마음먹었을까?

"넌 연아랑도 친하잖아. 근데 결혼은 왜 주현이랑만 해? 연아랑은 안 해?"

아이는 "풋" 하고 비웃더니 한심하다는 투로 "엄마, 결혼은 남자랑 여자랑 하는 거야"라며 당당하게 말했다.

내가 결혼은 남자와 여자가 하는 거라고 알려줬나? 아니, 결혼에 대해 얘기해본 적도 없는 것 같은데? "남자 친구가 생기면" 대신 "사랑하는 사람이 생기면"이란 말을 쓰며 다양한 성적 지향에 대해서도 열어놨건만, 아이는 왜 결혼은 여자와 남자가 하는 것이라고 단정하게 됐을까?

나중에 이 일화를 보호자 강의에서 언급하며, 참석자들에게 "왜 그랬을까요?" 하고 질문을 던졌더니 우문현답이 나왔다. "집에서 여자인 엄마, 남자인 아빠를 보니까 그렇겠죠."

세상은 일곱 색깔 무지개보다 더 다채로운 빛으로 감싸여 있다는 걸 아이에게 알려주려면 어떻게 해야 할까. 아이의 결혼 선언을 기쁘게 축하해주는 게 먼저일까, 아니면 여자 친구와도 같이 사는 선택지가 있다고 들이밀어 보는 것이 먼저일까.

정답 문장을 알려달라는 보호자들

입시 위주 교육에 길들어서일까? '교육'이라는 단어가 주는 어감 때문인지 성교육에도 객관식 정답을 기대하는 보호자가 많다. 그래서인지 내가 하는 말을 빠짐없이 필기하는 사람, 노트북으로 실시간 녹취를 하는 사람, 아예 녹음하는 사람 들을 심심치 않게 본다. 다들 책임감에 차 있고 열성적이다.

어느 강의에서 이런 질문이 나왔다.

"강사님, 사춘기가 오면 아이가 곧 이성 교제를 하게 될 텐데, 제가 뭐라고 말해주면 좋을까요?"

나는 평소처럼 아이의 상태를 물었다. 아이가 이성에게 호기심을 느끼는지, 데이트나 스킨십에 관심이 있는지도 모르고 해줄 수 있는 대답은 없기 때문이다. "아이는 이성 교제에 대해 어떻게 생각하나요?"

"음, 우리 아이 생각보다 강사님 생각이 궁금한데요."

마치 정해진 각본처럼 대화의 흐름은 늘 비슷비슷하다. 나는 그래도 또 묻는다. "그럼, 보호자 분은 이성 교제에 대해 어떻게 생각하세요?"

이제 질문자의 목소리엔 짜증과 답답함이 묻어난다. "아이참, 제가 어떻게 할지 몰라 묻는 건데 강사님이 자꾸 되물으면 어떡합니까?"

나는 100명의 사람이 있다면 100개의 성이 있다고 생각한다. 왜 아이의 이성 교제를 미리부터 두려워하는지, 아이 생각은 어떤지 알아야 조금이나마 유익한 상담을 할 수 있다. 성교육에 '보편적인 답'이 있을까?

'정답'을 바라는 분위기는 보호자 교육에서 도드라진다. 아이를 키우며 마주치는 각양각색의 돌발상황, 예측할 수 없는 사고, 솔직히 말해서 보호자 본인이 원치 않는 결과, 즉 성적이 떨어지거나 임신을 하는('임신하다'라는 표현을 썼지만, 이는 남자아이의 문제이기도 하다) 등의 '사달'을 애초에 방지하고픈 마음이 앞서서일 것이다. 그 두려움과 간절함이 성에 대한 모든 질문에 정답이 있길 바라는 마음으로 번지는 것이 아닐까.

차라리 관심 꺼달라는 아이들

아이들과 함께 하는 강의 풍경은 정반대다. 녹음기는커녕 펜을 손에 쥔 아이도 없다. 보호자들이 혹시 새로운 이야기를 들을 수 있지 않을까, 오늘은 나름의 답을 찾을 수 있지 않을까 하는 기대로 만반의 준비를 한다면, 아이들은 학교 성교육에 대한 기대감이 전혀 없다. 성교육 시간이라고 들떠 있거나 짓궂은 질문을 하는 아이를 만났던 경험도 이미 오래전이다.

아이들의 성교육 경험은 어떨까?

"집에서 성교육 받아본 사람? 아니면 성과 관련해서 어른이랑 대화해본 사람?" 하고 질문을 하면 한 반에 겨우 한두 명만 손을 든다.

"그럼, 누구든 어른과 성에 대해서 이야기를 나눌 의사가 있는 사람?"

다시 물어도 숫자는 여전히 비슷하다. 몇몇 아이는 "그냥 아예 모르는 척해주면 좋겠어요. 이런 얘기 자체를 부모님이랑은 하기 싫어요"라며 시큰둥하게 대답한다. 면대면 상황이 문제가 아닌 걸 알지만 한 번 더 확인해본다.

"얼굴 보고 이야기하기 싫으면, 성교육 책을 사 주면 어때요?"

단호하게 싫단다. '책'의 치읓 소리가 잇새로 채 나오기도 전에 "아이씨" 하며 거친 야유를 보낸다.

보상이 없어서 그런가? 아이들이 혹할 만한 '딜'을 제시해봤다. "책 다 읽고 독후감 쓰면 용돈 5만 원?"

아이들의 야유는 한층 더 거세졌다. 나는 눈치 없이 포기하지 않고 또 질문했다. "5만 원이 적어요? 그럼 10만 원?" 이번엔 내 말이 끝나기가 무섭게 한 녀석이 포효했다. "그런 태도가 싫다고요!"

아이들의 말인즉슨 어른들의 태도가 문제란 것이었다. 말문을 열 때는 뭐든 다 말해보라지만 답은 정해져 있다는 것. "저도 책임감 없는 연애는 원치 않고요. 절대 스킨십은 하지 않을 거예요. 성적이 떨어질 일도 없을 거고요. 학생이면 공부가 먼저죠, 연애가 먼저겠어요?"라고 제 입으로 말해주길 바라는 태도는 대화가 아니니까.

자아의식이 발달하는 청소년기 아이들은 부모나 교사 등의 보호와 관심에서 벗어나 정신적으로 독립된 사고와 행동을 하고자 하는 '심리적 이유기(離乳期)'를 보낸다. 거기에 자기 생각과 감정은 무척 독특해서 다른 사람은 이해할 수 없을 것이라는 '개인적 우화'가 더해져 자신의 상황, 감정, 생각을 부모는 절대 이해할 수 없다고, 그러니 나누고 싶지 않다고 여기며 부모와 멀어진다.

한때 딸이 있는 집에서는 성장을 축하하고 성에 대한 긍정적인 경험을 선물하는 '생리 파티'가 유행이었다. 내가 만난 학생 가운데 두 명은 생리 파티에 완전히 다른 기억을 가지고 있었다. 한 아이는 케이크에 장미도 선물 받으면서, 언니가 했던 파티를 나도 하는구나 싶어 좋았다고 말했지만, 다른 한 아이는 "미치는 줄 알았다"며 진저리쳤다. 생리 시작한 걸 아빠는 몰랐으면 좋겠다고 엄마에게 간곡하게 부탁했는데도, 그날 밤 아빠가 떡 하니 케이크와 장미를 사 왔다는 것이다. 평소 파티라곤 잘 하지 않는데, 온 가족이 어색하게 둘러앉아 케이크를 멀뚱히 바라보는 파티라니… 그렇게 끔찍할 수가 없었다고 한다. 이런 부자연스러운 파티가 자신의 신체가 변하는 것을 스스로 잘 받아들여야 할 10대 아이에게 좋은 경험은 아니었을 것이다.

생리 파티 자체가 나쁘다는 게 아니다. 성교육 강사에게 "생리 파티를 열면 아이가 좋아할까요?"라고 묻기 전에, 아이에게 "생리 파티 할까?" 하고 의사를 확인하는 게 먼저였으면 좋겠다. 아이의 연애가 궁금하다면, 아이에게 물어보자. 그 전에 보호자가 자신의 연애는 어땠는지 아이와 수다를 떨어보면 어떨까?

아이의 몸은 결국 아이의 것이다. 가르쳐야 할 것은 가르치되 기다리고 지켜봐 주는 적정한 거리도 중요하다. 이 사이에서 섣불리 '정답'을 길어 올리려고 하면 더 깊은 함정에 빠질지도 모른다. 보호자는 이 정도 했으니 다 했다고 생각하고, 아이는 입을 닫는 함정 말이다.

조바심을 내려놓고 응답하기

큰아이가 또 선언했다. "나 결혼할 거야."

남자 친구의 존재를 알리고 결혼 소식을 알리는 보통의 순서와 달리, 결혼 소식을 먼저 알리고 남자 친구의 존재를 알리다니 우습기도 하고 귀엽기도 했다. "그래, 나도 알아, 주현이" 하고 아는 척을 했는데, 아이가 콧방귀를 뀌었다.

"주현이 아니야. 재훈이야."

깜짝 놀라 "주현이는?" 하고 되묻자 "주현인 이제 내 스타일 아니야. 재훈이가 더 멋져"라며 콧노래를 흥얼거리는 게 아닌가. 사람 마음이 이렇게 순식간에 변하다니!

결혼부터 생각하는 아이에게 핀잔을 좀 놓을까 하다가 그만두었다. 딸아이는 지금 이성에게 호감을 느끼고 있고, 내겐 응원할 기회가 주어진 것이다. 대화의 시작은 여기부터고, 아이가 커가면서 더 다양한 이야기를 나눌 수 있을 거란 기대감을 남몰래 키워본다.

나는 활짝 웃으며 아이에게 화답했다.

"그렇구나! 너의 사랑을 축하해!"

내 일이 될 때
진지해진다

"섹스를 언제쯤 하는 게 좋을까요?"

'섹스'라는 말에 교실이 들썩인다. 방금까지 엎드려 고개를 파묻고 있던 아이가 몸을 곧추세우고, 반듯이 앉아 있던 아이는 얼굴을 감싸 쥐며 고개를 숙이기도 한다. "오오~" 소리를 지르는 아이가 있는가 하면, 눈을 동그랗게 뜨고 다음 말을 기다리는 아이까지. 아무리 '요즘' 애들이 알 거 다 알고 발랑 까졌다지만 섹스는 여전히 아이들을 흔드는 미지의 영역이다.

잠깐의 소란이 지나고 이내 대답이 쏟아졌다. 대체로

'스무 살 넘으면, 대학에 가면, 스물세 살쯤'으로 정리되었다. 왜 그때가 적당하냐고 물으니 "그냥"이란다. '그냥' 스무 살보다는 아주 조금 더 '어른'이니까.

아이들의 대답이 현실에서도 통한다. 질병관리본부의 의뢰를 받은 고려대학교 연구팀이 2014년부터 2015년까지 만 18~69세 성인 남녀 3000명을 대상으로 조사한 결과, 한국 남성의 평균 첫 성 경험 연령은 21.8세, 여성은 23.9세, 남녀 평균은 22.8세였다.

왜 안 하지?

대충 고등학교를 졸업하면 첫 섹스를 하는 셈인데, 청소년 섹스 교육은 빵점이다.

고등학생 대상으로도 섹스나 피임 강의는 거의 수요가 없고, 수능이 끝난 고 3쯤 되어야 가뭄에 콩 나듯 의뢰가 들어오는데 피임 도구를 가져가서 직접 시연하는 것은 금하기 일쑤다. 성교육 강사가 섹스와 피임을 가르칠 기회는 정말 적다. 막상 그 기회를 얻어도 자칫 '당장 섹스를 하라고' 부추기는 꼴이 될까 봐 신경이 쓰인다.

그나마 기술가정 교과 시간에 2차 성징과 피임에 대해 두 단원에 걸쳐 다룬다고 알고 있지만, 이는 청소년기 신체 변화를 '생식이 가능한 몸'에 초점을 맞춰 설명하는 것이어서 엄밀히 따지면 '성교육' 또는 '섹스 교육'은 아니다. 또 어떤 출판사의 교과서를 선택하느냐에 따라 피임에 대해서 조금씩 다르게 배우는데, 한 교과서에서는 질외사정을 피임의 한 종류로 언급해 아이들에게 혼란을 준다.

나와 상담했던 한 아이는 "네가 책임질 수 있을 때, 그때 해"라는 어른들의 충고가 제일 우스웠다면서, 샐쭉한 얼굴로 "지금 애를 낳아 기를 수 있는 능력이 없으니까 하지 마!"라는 경고 아니냐며 툴툴댔다. 섹스와 임신은 늘 이렇게 묶여 있다.

"성관계를 하려면 무엇이 필요할까?"라는 질문에 어김없이 "피임이요"라는 답변이 가장 먼저 나오는 건 어른들의 으름장 때문이 아닐까. 섹스와 임신을 직결하는 성교육에 아이들은 "임신만 안 하면 그만"이라는 냉소 어린 대답을 기계적으로 내놓고 있다. 임신만 안 하면 즐거운 섹스일까?

물론, 피임은 섹스 교육의 기본이다. 성관계 경험에 대한 통계를 보자. 이번엔 청소년 대상 조사다. 2018년 질병관리본부의 청소년건강행태 온라인조사 통계에 따르면, 성관계 경험이 있는 남자 청소년은 7.6퍼센트, 여자 청소년은 3.8퍼센트였다. 성관계 경험이 있는 청소년 가운데 피임을 한 경우는 남자 57.9퍼센트, 여자 62.4퍼센트로 점차 높아지고 있지만 여전히 낮다.

올바른 콘돔 사용법, 피임약 복용 지도, 생리 주기 계산법 등을 구체적으로 알려주는 피임 교육은 못 하게 하면서 '원치 않은 임신'(임신 당사자는 여성과 남성 모두)은 막고 싶으니 공식적으로는 '섹스'라는 말을 아예 차단하는 게 아닐까.

좋은 섹스, 나쁜 섹스

고민은 많지만 나도 뾰족한 수는 없다. '성적 경험'을 아우르는 강의안을 짜려고 해도 현장 분위기가 받쳐주지 않고, 섹스를 '권장'하는 것처럼 느껴지면 어쩌나 지레 걱정되어 자연스레 원치 않은 임신과 피임 쪽으로 강의가 흐르곤 한다. 강의 직전까지 강의안을 수십 번 고쳐보지만 영 개운하지가 않다.

학교 눈치, 보호자 눈치, 아이들 눈치를 보지 않는다면, 내가 정말 하고 싶은 이야기는 뭘까?

나 또한 (더 이상) 임신은 원치 않고, 그래서 생리할 때가 됐는데 안 하면 불안하다. 숙박시설에 묵을 때면 불법 카메라가 설치되어 있진 않을까 겁나고, 성병에 노출될까 걱정한다. 사실 어른이 된다고 해서 섹스라는 행위를 둘러싼 조건이 달라지거나 미처 막지 못한 위험이 사라지진 않는다. 사용한 콘돔이 불량일 수 있고, 생리 주기를 잘 계산했지만 내 몸이 다른 주기에 접어들었는지는 알 길이 없다. 어른은 예측 불가능성에 훨씬 안정적으로 대응할 수 있고, 청소년은 그럴 수 없다고 생각해서 선택지 자체를 파기하는 건 나쁘다. 아이들은 어른들의 도움과 응원으로 더 나은 삶을 꿈꿀 수 있어야 하니까.

솔직히 청소년을 대상으로 한 섹스 교육을 요청받아본

적도 없는데 이런 고민을 하는 것이 난센스 같다. 그렇지만 어떤 섹스가 자신에게 좋은 섹스이고 나쁜 섹스인지, 자신에게 더 좋은 섹스를 위해 무얼 하고 싶은지 당사자들과 이야기 나눠보는 것을 첫걸음으로 삼기로 했다.

선행학습이 필요해

기회가 있을 때마다 나는 아이들에게 누구와 섹스하면 좋을지, 어디에서 하고 싶은지, 어떤 상황에서 할지, 임신은 언제, 어떤 조건일 때 안정적일지, 좋은 섹스를 방해하는 요소는 무엇일지 상상해보라고 권한다. 처음엔 쑥스러워하지만 10여 분쯤 지나면 왁자지껄 난리가 난다. 질문도 쏟아진다.

"생리 때 성관계하면 임신 안 해요?"

"피임약을 평생 먹어도 괜찮나요?"

"처음엔 동의해놓고 나중에 저를 신고하면 어떡해요?"

"처음 할 때 진짜 아파요?"

"낙태는 불법이고, 만약 임신하면 어떻게 해요?"(낙태죄

헌법불일치 판결이 있기 전이었다.)

혼이 쏙 빠질 것 같지만 최선을 다해 중구난방 질문들에 성실히 답해준다. '성역'이 무너지자 아이들은 거칠 것 없다는 듯 옆 친구들과도 의견을 주고받는다. 교실 안 공기가 후끈해지고, 자연스레 우린 피임에 대해, 내 몸과 건강권에 대해, 동의에 대해, 친밀한 관계와 신뢰에 대해, 출산과 양육에 대해 이야기한다.

청소년에게 섹스가 선택 가능한 것으로 논의될 때 어떤 일이 생길지는 아무도 모른다. 확실한 건 언제든 내게 있을 수 있는 일이라고 받아들인 순간 아이들은 더 진지해진다는 것이다. 소란했던 강의가 끝날 즈음 다시 "스무 살에 섹스할 사람?" 물으면 다들 헤실헤실 웃기만 한다. 막연하게 '어른이 되면' 하겠거니 미뤄둔 것을 자기 문제로 받아들이는 모습이다.

섹스 교육은 각종 체위를 시연하며 낄낄거리는 걸 목표로 하지 않는다. 섹스가 무엇이고, 생식(재생산)과는 어떻게 다른지, 내가 원하는 것과 원치 않는 것이 무엇인지, 상대방과 신체 접촉에 대해 대화하는 법 등을 배우는 시간이다.

그리고 더 중요한 문제는 공교육의 틀을 벗어나는 순간 전문가에게 섹스를 교육받을 기회는 사실상 사라진다는 것이다. 탈학교 청소년들이 그러하고 성인들도 마찬가지다. 아무 준비 없이 22.8세 즈음에 섹스를 경험한 사람이 수두룩할 것이다. 여기저기서 주워들은 정보가 엉터리였단 것도 아마 경험 후에나 깨달았을 가능성이 농후하다. 우리가 아이들에게 영어나 수학 선행학습을 주저하지 않고 권장하는 이유가 무엇인가? 미리 배우면 필요할 때 더 높은 성취를 이룰 수 있다고 생각하기 때문 아닌가.

섹스도 마찬가지다. 자신이 원하는 것, 두려워하는 것, 필요한 것을 미리 고민하고 준비해두지 않는다면 나의 섹스는 수많은, 그리고 아주 아픈 시행착오를 겪어야 할지 모른다.

섹스 교육이 필요한 건 오로지 아이들이 행복한 섹스를 선택할 수 있어야 하기 때문이다. 난 그렇게 믿고 있다.

가르치면서
나를 배운다

중학교 2학년이었던가. 학교에서 돌아온 나를 맞이하는 엄마의 모습이 평소와 좀 달랐다.

"아라야, 여기 앉아봐." 엄마의 첫마디는 큰 돌덩이가 저수지에 빠진 듯 무겁고 답답했다. 이윽고 이어진 말.

"니 아기가 어떻게 생기는지 아나?"

답답함의 정체는 바로 이것이었다. 젠장, 올 것이 오고야 말았다. 바로 엄마표 성교육.

"안다, 다 안다!" 나는 있는 대로 짜증을 부리며 고개를 돌렸다.

'성교육'이라는 출입금지 팻말

엄마는 다 안다는 내 외침을 전혀 믿지 않았다. 엄마 눈엔 언제까지나 작고 순진하고 귀엽고 사랑스러운 미성년 딸내미가 섹스와 임신, 피임에 대해 절대로 알 리 없었고, 또 알 리가 없어야 했다.

오늘은 작정했다는 듯 이어지는 엄마의 성교육 시간 동안, 나는 초점 없는 눈으로 장판이나 벽지 무늬를 훑으며 불편한 속을 달랬고, 엄마는 본인도 하기 싫고 두렵지만 숙제를 처리하는 것처럼 할 말을 순서대로 쏟아냈다.

서로에게 힘들기만 했던 성교육의 결론은 '남자는 욕구를 잘 참지 못하며, 흥분하면 성기가 단단해지는데 그 성기를 여자 성기로 집어넣으면 정자와 난자가 만나고, 그러면 아기가 생기므로 여자는 몸조심을 해야 한다'는 것이었다. 나는 "꼭 몸조심하겠노라" 여러 차례 다짐하고서야 겨우 풀려날 수 있었다.

엄마는 몰랐겠지만, 그 시절 나는 연예인을 주인공으로 팬들이 창작한 소설인 팬픽을 즐겨 읽으면서 섹스, 동성애, SM 플레이까지 알면 알았지 모르진 않았다. 남자 몸속에 있는 정자가 여자 몸속에 있는 난자와 무슨 수로 만나는지도 잘 알았다. 사랑해서, 아니면 사랑 없이 욕구만으로 섹스할 수 있고, 섹스는 짜릿한 황홀감을 준다는 사실도 모를 리 없었다.

엄마표 성교육이 있고 다음 날, 친구들에게 집에서 성교육을 받아본 적 있냐고 물어봤다. 친구들은 부모님 입에서 성의 시옷 소리도 못 들어봤다면서 웃었다. 한둘 있었어도 결론은 비슷했다. 종국엔 '여자는 팬티를 잘 벗어야 한다'라는 조언 아닌 조언으로 끝났단 것이다.

팬픽은 짜릿했지만, 글로 배운 성은 여전히 미지의 세계였다. 호기심이 생길수록 두려웠다. 하지만 그 미지의 세계를 손잡고 걸으며 안내해준 사람은 없었다. 입구에 성교육이라는 이름으로 '출입금지' 팻말을 세우는 어른들이 있었을 뿐이다.

가르쳐야 할 때 배우기

청소년 대상 강의에서 성에 대한 고민이 생겼을 때 누구와 의논할지 물으면, 대부분 친구나 그 일(?)을 함께 벌인 상대방을 꼽는다. 보호자는 의지가 되지 않는 걸까? 혼자 알아서 할 수 있다는 자신감일까? 궁금해서 물었다.

"부모님하고는 상의하지 않나요? 이유가 뭐예요?"

아이들 대답은 의외로 간단했다.

"부모님도 어떻게 해야 할지 모르실 거 같은데요."

왜 부모님도 모를 거라고 짐작할까? 성에 대해 진지하고 실질적으로 말해주는 보호자가 거의 없기 때문일 것이다. 다 큰(?) 10대 청소년은 아기가 어떻게 생기는지 따위는 묻지도 않겠지만, 뭔가 낌새가 보이면 "너 다리 밑에서 주워 왔어"라며 농담하거나 "인터넷에 다 나오잖아"라며 회피한다. 아이 방에서 휴지 뭉치를 발견하거나 '뻐꾸기', '직박구리' 같은 수상한 폴더명을 본 보호자 대부분이 걱정 반, 외면 반의 태도로 어정쩡하게 대응한다. 온라인 카페엔 "우리 아이가 '야동'을 보는 것 같아요, 자위를 하는 것 같아요. 어떡하죠?" 같은 게시글이 도배하듯 올라오고, "사춘기가 시작됐네요. 자연스러운 현상이니 모르는 척하세요"를 골자로 하는 유경험자의 댓글이 주르르 달린다. 모르는 척한 결과가 어땠는지 후기는 없고, 일단 '모르는 척하기'로 대동단결한다.

드물지만 보호자가 너무 아는 척을 해서 아이들과 갈등을 빚는 경우도 있다. 초경 파티나 콘돔 선물 같은 '아는 척'이 아이의 성장을 축하하는 의미일 수 있지만, 마치 연애하는 커플에게 야한 속옷을 선물하는 것처럼 짓궂은 이벤트로 끝나버리면 곤란하다. 2차 성징과 성적 호기심, 몸의 변화는 아이에겐 매일매일의 고민이기 때문이다.

교육장에서 만난 부모 대부분이 "우리 땐 성교육도 없었는데 성교육을 하려니 어렵다"고 푸념한다. 지금 같은 성교육은 당연히 없었고, 음란물로 자급자족하거나 신체 변화나 성 경험은 친구들끼리 경험담을 공유한 데이터가 전부인 게 대부분이다. 어른에게 물었다간 "어유, 다 컸네", "때가 되면 다 알게 돼" 같은 두루뭉술한 답이나 "공부나 열심히 하라"는 호된 꾸지람만 돌아올 뿐이었다. 성교육을 받은 적이 없다기보단 일상적으로 '성은 입에 올려선 안 된다'는 교육을 받은 셈이다. 그러니 이제 가르쳐야 하는 입장이 됐다고 단박에 성을 진지하게 직면하기가 좀

체 쉽지 않은 것이다. 이유가 무엇이든 애써 모르는 척하는 게 눈에 보이던 부모가 괜한 헛기침을 하며 불쑥 끼어들면 아이들도 황당하긴 매한가지다.

그래서 요즘 성교육 현장에도 사교육 바람이 거세다. 집에선 안 될 것 같고 학교도 못 미더우니 일단 특강처럼 듣게 한다. 안타깝지만 일회성 특강은 한계가 있다. 2년에 한 번 온몸을 훑는 건강검진만으로 건강 자체를 얻을 수 없는 것과 같은 이치다. 건강하려면 꾸준한 운동, 규칙적인 식습관, 스트레스 관리 등의 일상적 노력과 조치가 필수이지 않나.

여드름 때문에 짜증 낼 때, 오랜 시간 붙어 다니던 단짝과 헤어져 엉엉 울 때, 좋아하는 가수의 콘서트에 가려고 거짓말로 학원을 빼먹을 때, 그럴 때 아이 곁에 있는 사람은 주 양육자이고, 그래서 주 양육자의 성교육은 어떤 전문가의 특강보다 힘이 세다.

잘 가르치기 위해 나에게 솔직하기로 했다

성교육 강사이자 엄마인 나는 성을 가르칠 때만은 우물

쭈물하지 않았다.

두 살 무렵 큰아이는 몸 구석구석에 호기심을 보이며 엄마 몸을 찔러보거나 제 몸을 무던히 관찰하며 놀았는데, 아빠도 이 호기심 레이더에서 벗어나지 못했다. 하루는 속옷 차림으로 누워 있는 아빠에게 다가가더니 갑자기 고추를 확 잡아당겨 남편이 "억!" 하며 나동그라졌다. 성에 대해서라면 자유롭게 이야기하겠노라 마음먹었던 나는 태연하게 말했다.

"이건 고추라고 하는 거야. 너랑 엄마 몸에 있는 잠지랑은 다르지?"

이 얼마나 살아 있는 교육인가! 그러나 내 의기양양한 태도도 잠시, 남편이 아이를 붙잡고 "아빠 아프다고! 아빠도 부끄럽다고!" 하며 주의를 줄 때 정신이 번쩍 들었다. 아빠는 아이의 성교육 도구가 아니라 그 자체로 성적인 존재임을, 남편의 감정을 인정하고 존중해야 함을 나는 그만 잊어버린 것이다.

불행히도 나만 이런 착각을 하는 건 아닌 것 같다. 강의 자리에서 종종 사춘기에 접어든 아들이 엄마의 목욕 장면을 힐끔 훔쳐보거나 슬쩍 가슴 쪽을 건드린다거나 딸이 집에서 옷을 훌렁 벗고 돌아다녀 민망하다는 하소연을 듣곤 한다. 그러면 참석자들은 "이참에 성교육을 해야 한다"거나 "자연스러운 과정이니 넘어가라"며 갑론을박을 벌인다. 안타깝게도 어느 쪽이든 자기 몸을 훔쳐보고 가슴을 터치해서 불쾌한 '나'는 증발하고, 자녀의 상황만 논하는 '부모'만이 남는다.

성적 존재로서 나와 부모로서 내 입장이 늘 같을 수는 없다. 그렇다고 '교육적으로 좋은 말'을 하려고 구태여 '성적인 나'의 감정까지 억누르진 않았으면 한다. 가장 가까운 사람 사이에도 지켜야 할 선이 있음을 알아가는 것은 성교육에서 몹시 중요한 부분이다.

요즘 나는 아이에게 내 기분과 생각을 최대한 솔직하게 말하려고 노력한다. 어린 딸아이에겐 때때로 가혹하게 느껴질 테지만, "사람들 앞에서 엄마 찌찌 만지지 마. 간지럽고 부끄러우니까. 엄마 찌찌는 엄마 거야"라고 말한다. 아이는 못내 서운해하지만 나름대로 이해하고 수긍한다. "그럼 만져도 될 때 다시 얘기해줘"라며 협상까지 할 정도니까. 그러고 보면 아이에게 성교육을 하려다 내가 셀프 성교육을 하게 되는 것 같다. 어쩌면 보호자의 셀프 성교육이야말로 지금 가장 필요한 선행학습이 아닐까.

표준,
이름부터 수상하더라니

성교육 연수가 있어 아이 둘을 친정에 맡기고 경주에 갔다. 일정을 마치고 경주에 사는 친구와 함께 밥을 먹는데, 보문호를 바라보며 느긋하게 먹는 한 끼 식사가 그렇게 행복할 수가 없었다. 저녁에 외출을 다 하다니! 애들 없이 편하게 누구의 눈치도 보지 않고 외식을 하다니! 밤에 친구와 술을 마시다니! 감동의 연속이었다. 한껏 도취된 내가 "지금 정말 행복하다. 근데 만난 사람이 네가 아니라 남자였다면 더 좋았을 것 같아!" 하니, 친구가 "너, 신랑이 굉장히 잘해주나 봐"라며 핀잔을 놓았다.

웬 뚱딴지같은 소리인가. "딴 남자 만나고 싶다는데 난데없이 남편 얘기가 왜 나와?"

친구는 딱 잘라 말했다. "남편이 잘해주니 남자를 또 만나고 싶지. 나는 이제 남자라면 진절머리가 나서 그 어떤 놈도 만나고 싶지 않거든."

남편도 남편이지만 친구는 아들 둘을 키우느라 혼이 쏙 빠져 있었다. 다른 남자 운운하는 농담에 웃을 수 있는 상황이 얼마나 있을까. 무슨 일 있느냐는 걱정부터 하거나 유부녀가 할 소리냐며 비난받았을지도 모른다. 자기 처지와 가치관에 따라 농담도 다르게 해석되는 마당에, 성교육이라고 안 그럴까. 하지만 딱 하나의 정답을 원하는 양육자가 많다 보니 나도 누군가 정답 지침을 내려주길 바라던 때가 있었다.

표준의 잘못

2015년 교육부가 '성교육 표준안'을 내놓았다. 유아부터 고등학생까지를 대상으로 한 성교육 워크북과 교사용 지도서가 배포되었다. 성교육에 표준이라니! 나는 내심 기대를 품고 표준안을 펼쳐 들었다. 성교육에 할당되는 시간은 적은데 할 이야기는 많아서 늘 강의안 짜기가 곤욕스러웠기에 표준안에 살짝 묻어갈 심산이었다. 그런데 표준안을 쭉 훑어보고 난 후 나의 기대는 산산조각 났다. 교육부 성교육 표준안은 성 고정관념과 편견을 오히려 더 강화하는 '꼰대'의 잔소리나 다름없었다.

'좋음'과 '바름'은 달라야 한다

유치원 워크북 15차시의 주제는 '내 몸이 좋아하는 옷차림'이다. '내가 좋아하는'이 아닌 '내 몸이 좋아하는' 옷이라니, 제목부터 심상치 않은데, 내용 역시 그렇다. 속옷만 입고 있는 여자아이, 남자아이 캐릭터에 '내 몸이 좋아하는' 옷을 골라 입히는 활동인데, 활동지에는 티셔츠, 블라우스, 바지, 치마, 원피스, 속바지, 구두, 운동화 각각 하나씩이 그려져 있다. 여자 캐릭터에게 티셔츠와 바지를 골라 입히면 남는 것은 치마나 원피스뿐이어서 결국 남자 캐릭터에 티셔츠와 바지, 운동화를, 여자 캐릭터엔 치마 또는 원피스, 구두를 입히게 된다. 이 차시의 학습 목표는 '옷을 입어야 하는 이유를 안다', '생식기 건강을 위한 상황에 맞는 옷차림을 한다', '바른 옷차림을 실천하여 나의 몸을 보호한다' 세 가지이다. 그렇다면 선택지에는 꽉 끼는 옷과 통이 넓은 옷, 다양한 재질의 옷이 고루 나열되어 있어야 했다. 그리고 최종적으로 여자는 치마, 남자는 바지를 입히게 되는 것이 '바른' 옷차림인지, 이것이 '몸의 보호'와 어떤 연관이 있는 것인지 도무지 알 수가 없다.

'다름'의 함정에 빠지다

초등 고학년 11차시에는 "남자와 여자는 달라요"라는 설명과 함께, 두 개의 뇌 구조 그림을 제시하고 여자의 뇌와 남자의 뇌를 알아맞히는 활동이 준비되어 있다. 제시된 뇌 구조 중 하나는 외모, 옷, 화장, 수다, 이성 친구, 쇼핑, 우정, 텔레비전으로, 또 다른 뇌는 축구, 운동, 게임, 먹을 것, 이성 친구, 우정, 텔레비전으로 구성돼 있다. 게다가 해당

차시 지도서에는 "남녀 간 관심 분야, 흥미 분야가 다름"이라고 명시되어 있다. 이 차시의 주제가 '나 전달법으로 대화 나누기'인 건 어떻게 납득해야 할까. 성교육 시간에 '여자인 나', '남자인 나'를 구분하도록 가르치란 소리일까? 성별 이분법에서 벗어나려고 무던히도 노력해온 지난 시간이 허무해졌다.

중·고등학교 워크북도 남녀 성 심리의 차이에 대해 다룬다. 이 차이가 선천적인지 후천적인지에 대한 전문가들의 의견이나 양성성 등을 언급함으로써 나름 다양한 논의를 시도하지만, '남녀 간 성 심리 차이가 존재한다'는 것을 전제한다는 명백한 한계가 있다(그렇다면 동성 커플의 성 심리는 똑같단 말일까?).

한 번만 뒤집어 생각해보면

성폭력 예방을 다룬 부분은 더 가관이다. 고등학교 성교육 표준안은 데이트 성폭력 '예방' 수칙으로 '평소 자기 의사를 분명히 제시한다, 남성 우월적이거나 공격적인 남성과는 데이트를 하지 않는다, 상대를 잘 모르는 경우에는 상대방의 집에 방문하거나 자기 집에 초대하지 않는다' 등을 제시한다. 어이없게도 모두 '잠재적 피해자'가 조심해야 한다는 말투성이다. 무엇이 왜 가해 행위인지는 알려주지 않는다. 게다가 자기 의사를 밝히라는 말은 하나마나 한 소리다. 힘의 차이 때문에 자기 의사를 밝히기도 힘들거니와 어렵사리 표현을 해도 쉽게 거부되는 것이 문제임을 왜 모를까? 아는 사람에 의한 성폭력이 훨씬 많다고 설명하면서 '잘 모르는' 사람 집에 가거나 초대하지 말라는 엉뚱한 예방법을 내놓은 것도 한심하다. 더욱 기가 막히는 것은 데이트 성폭력의 원인 중 하나로 '데이트 비용'을 꼽은 것이다. 지도서엔 비용을 더 내는 남성이 여성에게 그에 상응하는 보답을 원한다는 상술도 덧붙었다.

뒤집어 생각해보자. 우월 의식이 있거나 공격적인 남성과 데이트하거나, 자기 의사를 분명히 표하지 않았거나, 아는 사람이건 모르는 사람이건 서로의 집에 방문하거나, 데이트 비용을 정확하게 절반으로 나누지 않는 것은 성적 행위에 동의하는 것이라고 못 박는 것이나 다름없지 않은

가! 데이트와 성매매를 구분할 줄 모르는 사람들이 성교육 표준안을 썼단 것이 여실히 드러난다. 성교육 표준안은 이외에도 금욕 중심 성교육, 다양한 성 정체성과 지향, 선택을 철저히 배제하는(존재조차 언급하지 않는다) 등의 문제들이 흘러넘친다.

표준을 거부합니다

수많은 문제에도 불구하고 모든 학교 현장에서 표준안을 따라야 한다는 지침이 내려왔다. 표준안이 배포되었을 당시 내가 속한 지역 교육청에서는 교내 보건교사는 물론 외부 강사가 성교육 강의를 할 때도 표준안을 벗어나지 않도록 했다. 지역의 성교육 단체들이 모여 성명서를 제출하고 현수막을 내걸며 시정을 요구했지만 달라지는 건 없었다. 심지어 몇몇 학교에서는 성교육 담당 교사가 각 교실을 돌며 성교육 강사가 표준안에 따른 강의를 하는지 점검했고, 표준안에 따르지 않은 강사에게는 앞으로 강의를 의뢰하지 않을 거란 소문까지 나돌았다.

나도 예외일 순 없었다. 직접 구성한 강의안도 자기 언어로 완벽하게 소화하지 않은 채 강의를 하면 터덕거리기 일쑤인데, 내가 동의할 수 없는 내용으로 강의하려니 외국어로 말하는 것처럼 낯설고 어색하기만 했다. 교육부의 앵무새가 된 듯한 자괴감도 밀려왔다.

몇 년이 지난 지금은 표준안이 흐지부지되어 슬금슬금 각 단체나 강사의 지향에 맞게 강의가 구성되고 있지만, 표준안을 현행대로 유지해야 한다는 주장을 인터넷 커뮤니티에서 심심찮게 만날 수 있다. 그 배경에는 동성애를 금기시하는 종교적 입장이나 호모포비아, 청소년들의 성 비행에 대한 우려가 있을 것이다. 그리고 다양한 만큼 균등하지 못한 성교육의 질도 빠질 수 없는 이유일 성싶다(현재 성교육 강사는 수료의 형태로 자격이 주어진다. 강사 과정을 운영하는 단체마다 참가 자격과 교육 과정이 상이하며, 동일한 교육을 수료했어도 강사 개인의 가치관, 신념, 역량에 따라 강의 내용이 제각각이다).

틈만 나면 딸아이가 재미있는 이야기를 해달라고 조르는

통에 「토끼와 거북이」이야기를 들려주었다.

"토끼는 잘난 체하다가 경기에 지고 말았죠? 그러니 거북이처럼 열심히 해야 해요"라고 교훈을 정리하며 이야기를 끝맺었는데, 아이가 고개를 갸웃하며 반박했다.

"근데 엄마, 져도 되잖아. 왜 꼭 이겨야 해요? 달리기 못할 수도 있지. 놀리는 동물 친구들이 이상해요."

그래, 져도 되지. 이 전래동화의 교훈이 '교만하지 말자'가 아니라 '다른 사람을 있는 그대로 받아들이자'일 수 있는데 나는 왜 그 생각을 못 했을까? 이야기는 같은데 또 달라졌다.

성도 마찬가지 아닐까? 한 사람 한 사람의 정체성, 역할, 선택, 삶은 말 그대로 단 하나뿐인 이야기다. 그 고유한 이야기를 표준이라는 잣대로 옳고 그름, 할 것과 하지 말아야 할 것으로 재단하는 게 옳을까? 재단하려 한다고 가능할까?

표준안에 기대지 않는다면 유치원 때부터 고등학교 때까지 성교육을 듣는 학생들은 다양한 관점의 성교육을 접할 수 있게 되고, 누군가는 자신만의 삶을 찾을 작은 기회를 발견할지도 모른다.

그렇다. 아무리 너그럽게 말해도 성교육 표준안은 수많은 이야기 중 하나일 뿐 유일한 대안은 될 수 없다.

목격자를
찾습니다

초등학교 5학년 교실, 한창 성폭력예방교육을 하고 있는 데 한 친구가 "선생님, 군대 다녀오셨어요?" 하고 질문을 던졌다. 나는 가볍게 고개를 가로젓고는 하던 이야기를 이어나갔다. 5분쯤 지났을까? 이번엔 손까지 높이 들고 더 큰 목소리로 같은 질문을 했다. 아니, 이미 답을 알고 있을 테니 엄밀히 말하면 질문이 아닌 셈이었다. 그 순간 교실엔 정적이 흘렀고 묘한 긴장감마저 감돌았다. 아이들의 시선이 나와 그 친구에게로 모아졌다. 당황한 나와 달리 그 친구의 얼굴엔 여유가 넘쳤다. 아까처럼 고개를 저어

답을 대신하는 것으로는 이제 충분치 않은 상황이 된 것이다. "아니, 나는 군대를 다녀오지 않았어"라는 내 말에 그 친구는 "그럴 줄 알았어요"라며 소리 내어 웃었다. 여자아이 몇몇은 실망이라도 한 듯 고개를 떨어뜨리기까지 했다.

날카로워지는 남자아이들

능쳐 넘어갈 수도 있었지만 그러면 안 될 성싶었다. '군필'이 아닌 것이 내가 성교육 강사 자격이 없다는 뜻도 아니거니와 군대 이야기에 몸을 움츠린 여자아이들에게도 좋지 않은 기억으로 남을 것 같았다. 목을 가다듬고 질문한 친구에게 물었다. "우리 친구가 양성평등에 대해 이야기하고 싶은 것 같은데 내 말이 맞을까?" 그렇다는 대답이 돌아왔다. 나는 잠시 시간을 쪼개 이야기를 해보기로 했다.

"아쉽지만 오늘 우리는 성폭력예방교육을 하기 위해 만났고, 이제 남은 시간이 별로 없어서 양성평등에 대해 충분한 이야기를 나누긴 어려울 것 같아. 하지만 짧게나마 성폭력과 '군대에 갔다, 안 갔다'에 대해서는 이야기를 해볼 수 있을 것 같은데, 어때?"

처음 군대 이야기를 꺼낸 친구를 비롯해 아이들 모두 흔쾌히 수락했다.

"만약 어떤 사람이 다른 사람을 성폭력 하려는 순간에 피해자가 '저기요, 저 군대 다녀왔는데요'라고 한다면, '아, 군필자셨구나, 죄송합니다. 군대 안 다녀온 다른 사람 찾아볼게요. 안녕히 가세요' 하며 자기 행동을 사과하고 즉각 가해 행동을 멈출까? 남자인 회사 사장이 건강상 사유든 다른 개인 사정이 있었든 군대를 다녀오지 않았다고 가정해보자. 군대를 다녀온 신입 사원이 사장을 성희롱하거나 성추행할 수 있을까?"

아이들은 "아니요~"라고 크게 대답하며 깔깔 웃기까지 했다. 정말 말도 안 된다는 반응이었다.

나는 아직 웃음기가 가시지 않은 교실을 향해 담담히 말을 이었다. "성폭력 피해는 군대를 다녀오지 않은 대가나 처벌이 절대 아니야. 몇 살이건, 성별이 무엇이건, 국적이 무엇이건, 종교가 무엇이건, 내 몸은 다른 사람에게 침해당하지 않고 안전할 자유와 권리가 있어."

아까 주눅이 들었던 여자아이들 얼굴에 생기가 돌았다. 그리고 강의가 끝날 때까지 나의 군복무 여부를 따지는 질문은 더 이상 나오지 않았다.

최근 1~2년 새 성폭력예방교육 시간에 감지되는 뚜렷한 변화가 한 가지 있다. 남자아이들이 대뜸 "선생님, 여성가족부에서 나왔어요?", "선생님은 페미니즘에 대해서 어떻게 생각하세요?", "미투 때문에 그 사람들(가해자 또는 가해 혐의자)이 죽었잖아요, 안 그래요?"라는 질문을 심심치 않게 던진다는 점이다. 마치 내가 '꼴페미'인지 아닌지 사상 검증을 하겠다는 듯 말투엔 이미 공격과 조롱이 묻어 있다.

나도 사람인지라 아이들이 작심하고 이렇게 파고들면 불편함을 느낀다. 불과 몇 년 전엔 성희롱이 '유행'이었다. "쌤, 몇 살이에요?", "그거 해봤어요?", "내가 섹스에 대해 더 잘 알지 싶은데", "어떤 체위로 했을 때가 제일 좋았어요?" 같은 발언이 많았다. '성'을 말하러 온 여성 강사를 함부로 대하는 것에 거리낌이 없었다. 그들에게 나는 성교육 강사이면서 성적 대상물이었던 셈이다.

성희롱에서 사상 검증으로, 성교육 강사로서 느껴야 하는 불편함은 종류만 조금 바뀌었을 뿐이다.

피해자 대 가해자 구도

성폭력 문제를 다룰 때 남학생들은 왜 이토록 날을 세울까?

성폭력예방교육이 4, 5, 6교시에 걸쳐 있어 점심을 교내 급식으로 해결한 날이 있었다. 식당 한편에 자리 잡은 나는 누가 봐도 외부 강사인 티가 났다. 급식이 하도 맛있어서 정신없이 먹고 있는데 한 친구가 불쑥 다가와 "선생님도 남자가 여자 그렇게 하는 영상 들고 오셨어요?"라고 물었다. 입 안에 든 음식을 삼키며 "아니, 동영상 안 가져왔는데" 했더니 아이는 재차 '그런' 그림을 가져왔는지 확인했다. 역시 가져오지 않았다는 대답을 듣고야 아이는 "아, 그럼 오늘은 들어봐야지"라는 혼잣말을 남기고 자리로 돌아가 밥을 마저 먹기 시작했다.

다른 학교에서는 강의를 준비하며 기다리는데 담당 교사가 찾아와 "우리 아들이 학교에서 성교육을 받으면 잠재적 가해자 취급을 당한 것 같아 그렇게 기분이 나쁘대요. 오늘 잘 좀 부탁드려요"라고 당부하기도 했다. '잠재적 가해자'라는 단어가 낳은 풍경이다.

2019년 대검찰청 범죄분석 통계에 따르면 성폭력 범죄 피의자의 96.6퍼센트는 남성이다. 이건 부정할 수 없는 사실이다. 남성 당사자, 아들 가진 보호자도 외면할 수 없는 현실이다. 성평등과 성폭력은 별개로 생각할 수 없다. 성폭력이 완전히 개인의 인성 문제라면 가해자의 성별 분포 통계에서 남녀 간 유의미한 차이는 없었을 것이다.

하지만 현장에서 성교육을 이끌어야 하는 나로서는 고민이 이만저만이 아니다. 성폭력 가해자의 대다수가 남성인 것이 사실인 만큼이나 성폭력예방교육을 듣는 남학생들이 '잠재적 가해자'로 지목받는 듯해 기분이 나쁘다고 말하는 현상도 사실이기 때문이다. '나는 아닌데'라며 무의식적으로 성폭력 문제를 개인의 문제로 축소하려는 것일까. 그럴 수도 있다. 하지만 지금의 성폭력예방교육도 완전하진 않다. '남자니까 행동 조심해'로 귀결되는 강의에서는 '여자니까 행동 조심해'도 타당해진다.

남학생이 '가해자'로 취급되고 여학생은 '피해자'로만 분류되는 함정에 빠지지 않으면서, 아이들이 성폭력을 자기 문제로 받아들이도록 하려면 어떻게 해야 할까.

목격자는 어디에 있나요?

범죄심리이론 중에 '일상활동이론'이란 것이 있다. 이 이론에 따르면, 범죄의 세 가지 조건인 범죄자, 범죄에 적당한 대상, 감시의 부재가 충족되면 범죄가 발생한다. 이 중 하나라도 충족되지 않으면 범죄가 발생하긴 어렵다고 본다. 과거 성폭력예방교육이라고 하면 '여자가 밤늦게 돌아다니면 안 된다, 짧은 치마를 입으면 안 된다' 등 '범죄 대상'에 초점을 두었다. 그러다 최근엔 '이러이러한 행동은 성범죄니까 하면 안 된다'로 '범죄자'에 초점을 둔다. 피해자 아니면 가해자를 강조하는 교육이 문제라는 건 어느 정도 공감대가 생긴 지금, 일상활동이론을 따른다면, '감시', 그러니까 '목격자'를 교육에 적용해볼 차례다. '무엇이 성폭력 행위인지 분명히 알고, 성폭력을 저지하거나 발생 위험을 낮추기 위해 무엇을 할 것인가'를 교육의 목표로 삼는 것이다. 목격자 중심 교육은 '왜 피해자한테 잘못이 있는 양 조심하라는 거야?'라거나 '왜 사람을 가해자 취급하는 거야?' 따위의 소모적인 반발심을 낮추면서, 많은 사람의 공감과 실천을 이끌어낼 수 있지 않을까? 실제로 성교육 현장에서는 '목격자로서 할 수 있는 일'을 주제로 교육하는 사례가 점점 늘고 있다.

나도 이 흐름을 타고 목격자의 중요성을 강조하는 강의를 한 적이 있다. 한 학년 전체가 시청각실에서 강의를 듣고, 그 현장을 나머지 학년 전체 학급에 방송으로 송출하는 방식이어서 집중시키기 만만치 않겠다고 예상은 했다. 담당 교사도 아이들이 듣는 둥 마는 둥 해도 상처받지 말라며 귀띔해줄 정도였다. 과연 그날 교육은 잘 풀리지 않았다. 아이들을 집중시켜보려 애썼지만 시청각실에 와글와글 몰려 있는 아이들을 장악할 방도가 없었다. 이런 상황을 극복할 만한 재주가 없다는 것만 확인한 채 우울한 마음으로 시청각실에서 나와 터덜터덜 복도를 걷는데, 한 학생이 내게 "아까 방송하신 쌤이세요?" 하고 물으며 다가왔다. 힘없이 고개를 끄덕였다. 학생은 "오늘 강의 좋았어요. 제가 목격자라는 부분이요. 그런 생각 처음 해봤어요"라며 강의 후기를 들려주었다. 이날 강의는 대성공이었다! 이런 교육이 '성폭력은 용서받을 수 없다. 피해자를 돕는 목격자, 폭력을 미연에 막는 감시자가 되자'라는 인식을 형성하는 데 일조하리란 자신감이 조금 생겼다.

자리가 사람을 만든다는 말이 있다. 나는 수많은 아이들이 '잠재적 가해자' 또는 '잠재적 피해자'의 자리가 아니라 '목격자이자 감시자'의 자리에 설 수 있는 성폭력예방교육을 해나가고 싶다. "내가 목격자라는 걸 깨달았다"라며 내게 말을 건네는 친구를 더 많이, 자주 만나고 싶다.

소심해서
단어 하나에 싸운다

얼마 전, 성교육 강사 A의 블로그에 들어갔다. A 강사는 평소 강의 활동에도 열심이고 성교육 관련 글을 자주 게시하는 터라 블로그 이웃을 맺고 새 글이 올라오면 챙겨 읽는 편이다. 그날 올라온 글의 주제는 '유아 또래 성폭력'이었다. 쭉쭉 읽어 내려가다가 한 문장에서 멈칫했다.

바로 "유아 간 강제성과 상처가 생기는 과한 놀이로 이어지더라도 성추행으로 보거나, 아이에게 혼을 내서는 좋지 않습니다"라는 문장이었다. 글의 앞뒤 문맥으로 봤을 때, 아이들 사이에 일어난 일을 무작정 성인의 시각으로

'성폭력'으로 단정 짓기보다 아이들의 성적 놀이, 몸놀이
일 수 있음을 이해하고, 만약 강제성이 있었다면 이를 행
사한 아이의 욕구가 무엇인지부터 파악하고 그에 맞는 사
회화 교육이 필요하다는 주장인 듯했다.

의도가 있거나 없거나

어떤 의미인지 정확히 알면서도, 그래도 여전히 "강제성
과 상처가 생기는 과한 놀이"라는 문구가 턱턱 걸렸다. 댓
글란에 "강제성이 있다면 그것은 과한 놀이가 아니라 성
추행입니다. 놀이는 강제로 이루어지지 않습니다"라는 의
견을 남겼다. A 강사도 곧바로 댓글로 그렇게 생각하는 이
유를 물었다. 이에, 길지만 확실하게 내 의견을 밝혔다. "선
생님께서 드신 예시는 유아 성적 놀이 사례로 적절하다고
생각하지만, '강제성이 있더라도 아이들 간의 놀이다'라
는 표현은 제시하신 사례와도 맞지 않고, 어떤 이유든 어
떤 대상이든 '강제성'이 있다면 놀이라고 말할 수 없습니
다. 유아들 사이에도 성추행이 분명 있습니다. 제가 선생

님 생각을 잘못 이해한 것이면 답글을 주시는 것도 감사하지만 글에서 더 명확하게 다뤄주시길 부탁드립니다."

이후 상황은 내 예상과는 전혀 다르게 흘러가기 시작했다. A 강사 댓글의 어조는 다소 격앙돼 있었다. 성에 관한 개념이 제대로 잡혀 있지 않은 유아기 아이들의 일을 성적 의도를 가진 강제 추행으로 판단해야 하는지, 강제성의 뜻을 알고 한 말인지, 유아 사이에 권력과 위계가 존재한다고 생각하는지, 우선 호기심의 발로로 보고 같은 행동을 반복하지 않도록 교육해야지 왜 성추행범으로 낙인찍느냐며 자기주장을 완강하게 고수했다. 이에 더해 성에 대한 기준이 사람마다 다른데 왜 가르치려 드는지, 굳이 공개 댓글로 의견을 남긴 저의가 무엇인지를 따져 물었다. 이때부터 토론이 아니라 감정 섞인 언쟁이 된 것 같다. 나 또한 감정이 격해져 "강제성이 있다면 놀이가 아니라는 문장을 상식이 아니라 개인 가치관의 문제라고 하시니 더 할 말은 없다"고 날을 세웠고, A 강사는 자기 블로그를 통해 나를 노출하려는 의도냐며 불쾌하다고 말을 잘랐다. (성교육 강사는 프리랜서이니 블로그나 SNS를 통해 자기를 알리기도 한다.)

괜히 오지랖을 부렸나, 좀 더 신중히 비밀 댓글을 달아야 했나, 실제로 만난 적은 없지만 사이좋은 이웃이었는데 관계를 내가 망쳐버린 건 아닐까 심란해졌다. 잠시 머리를 식혔다. 어쨌든 의도와는 무관하게 상대가 불쾌함을 느낀 것은 사실이니 A 강사에게 사과의 뜻을 전했다. 그렇게 사건은 일단락되었다.

사실 이 댓글 논쟁에는 '강제성' 말고 또 다른 이슈가 숨어 있다. '성적 의도를 가진 강제 추행'이라는 언술에는 '성적 의도가 있어야만 성폭력이 성립된다'라는 오랜 통념이 도사리고 있다. 성폭력은 상대방이 원하지 않는 성적 행위로 타인에게 정신적, 육체적 피해를 주는 모든 행위를 포괄한다. 여기에서 '성적 의도'는 필수 요건이 아니다. 이 통념을 깨지 못하면 동성 간 성폭력 피해를 입은 피해자를 도울 수 없게 된다. 되레 피해자가 '남자(여자)끼리 하는 장난인데 예민하게 왜 이래?' 같은 비난을 듣기 십상이다. 실제로 동아리에서 선배들로부터 지속적으로 성기 만짐이나 폭행을 당해왔지만 관례라 여기며 참다가, 자신이 선배가 되었을 때 후배들을 통솔한다는 명분으로 똑같이 행동했다가 유죄 판결을 받은 청소년을 만난 적이 있다. 물론 그 친구는 후배들에게 어떤 성적 의도나 욕구도 없었다.

'동의'의 반대말이 '싫어하다'라고요?

그 뒤로도 나의 싸움은 쉬이 끝나지 않았다.

내가 속한 단체는 연초에 성교육 활동 자료를 준비하고, 강의 시연을 해보며 피드백을 주고받는 시간을 가진다. 이 날은 각자 강의안을 발표하고 의견을 종합해 공동 강의안을 기획하는 회의가 있는 날이었다. 논쟁의 발단은 초등 고학년 또래 성폭력 자료를 준비해온 B 강사가 또래 성폭력을 "친구가 '싫어하는' 성적인 말이나 행동을 하는 것"이라고 정의한 것이었다. 나는 "'싫어하는'보다 '원하지 않는'으로 수정해야 한다"는 의견을 내놓았다. 대화에 금세 불이 붙었다.

B 강사가 반박했다. "'원하지 않는'은 명확하지가 않아요. 교육 대상 연령이 낮을수록 이해를 돕는 표현을 써야

죠. '싫어하는'이 더 분명해요."

나도 물러나지 않았다. "명확한 표현인지는 모르겠지만, '싫어하는'은 '비동의'를 포괄하지 못한다는 문제가 있지 않나요?"

성폭력예방교육에서 무엇보다 강조되는 키워드가 바로 '동의'다. 성적 행동을 하기 전에 반드시 상대방의 동의를 구해야 하며, 상대방이 '동의하지 않은' 행동은 성폭력이라고 가르친다. 엄밀히 말해서 '동의'의 반대말은 '거부'가 아니라 '비동의'인 것이다. 당연히 '비동의'에는 침묵이 포함된다. 상대방이 좋아하고 허락했던 행동이라도, 성적 행동이 일어나는 시점에 원하지 않는다고 한다면, 그러니까 동의하지 않는다면 행동을 즉각 멈추라고 가르치는 것이 옳다. 나는 그렇게 생각한다. 또한 비동의로 인한 따돌림이나 불이익이 없다는 것을 확인할 수 있는 안전한 상태에서 명쾌하게 "좋다"라고 한 것만이 동의라고 생각한다.

논쟁은 계속됐다.

"상대가 원하는지 원하지 않는지 어떻게 아나요? 어떤 표현이 거부 의사인지를 이해시키려면 '싫어하는'이 맞는 것 같은데요." B 강사는 의견을 굽히지 않았다.

"상대의 마음을 알 수 없기 때문에 '동의' 개념을 가르치는 거죠. 임의로 판단하지 말고 동의를 구하라고요."

"지난해 강의안에서 친구의 말뿐 아니라 표정도 보라는 건 그럼 무슨 뜻이었겠어요?"

"표정으로 좋아하는지 싫어하는지 판단하라는 것이 아니라, 말로는 좋다고 하지만 꺼리는 기색이나 주춤하는 모습 등 아이들이 말과 행동이 일치하지 않는 경우가 많으니 모두 살피라는 뜻이었죠. '싫어하는'이라고 하면 '싫다'라고 직접 표현하지 못하는 사람이 더 막막해질 수도 있어요."

끝나지 않을 것 같은 논쟁은 시간의 압박과 주변의 중재로 일단 마무리되었다.

다음 회의 시간, 강의안은 '원하지 않는'으로 수정되어 있었고 나는 남몰래 안도의 한숨을 내쉬었다. 하지만 이번엔 C 강사의 중등 강의안이 날 건드렸다. 또래 성폭력에 해당하는 사례가 죽 나열되고 '이런 장난은 성폭력이니 하면 안 된다'는 식으로 전개되는 강의안이었다. 발표가 끝나자마자 나는 손을 들고 말했다. "'장난'이 아니라 '행위'라고 써야죠. 장난이라고 표현하면 성폭력의 의미가 완전히 축소돼버려요."

누군가는 '또 시작이네'라며 고개를 가로젓겠지만, 사실 나도 내가 신기하다. 난 숫기도 없고 낯가림도 심하다. 강의 전에 담당자를 불안하게 만들어, 당일에 만나면 "떨지 마세요. 잘하실 거예요. 파이팅!" 하며 뜬금포 응원을 듣기도 한다. 이런 내가 마이크를 잡고 강사 활동을 하며 동료 강사들과 열을 올리며 토론하는 모습이 나도 낯설다. 그럴 수 있는 이유는 하나. 우리가 현장에 갔을 때 사람들은 우리를 '전문가'라고 믿기 때문이다.

성교육 강사가 어떤 표현을 쓰고, 어떤 사례를 제시하느냐는 매우 중요하다. 강사 한 명이 성 고정관념이 묻어나는 말을 하면 참석한 청중 모두가 고스란히 '전문가의 정답'으로 받아들인다. 그렇게 통념은 철벽보다 견고해질 수 있다.

그렇기에 성교육 강사 교육 과정을 수료한 후에도 각종 워크숍과 스터디, 강의 모니터링 등 다양한 눈으로 자신을 의심하고 깨뜨리고 보완해나가야 한다.

새로 빚은 그릇들

성과 관련해 가능성과 선택지를 열어놓는 한편, 나를 끊임없이 돌아보고 검열하고 새로 배우기를 게을리하지 않기란 쉽지 않다.

얼마 전, 딸아이가 "엄마, 은주는 여잔데, 남자가 하고 싶대. 여자 옷은 싫어해. 남자 옷만 좋아해" 하기에 이를 다른 동료 강사에게 "5세 정도만 돼도 자기 성 정체성을 인식하고 표현하더라"라고 전한 적 있다. 5세 일반에 해당하지는 않을지언정 그른 의견이라고는 생각지 않았다. 그때 한 강사가 "고령화된 시골 마을에서 조부모와 함께 지내는 아이들은 특히 성 고정관념에서 자유롭지 못해서 남자 형제에게 차별받는 여자아이가 종종 있어요. 그래서 남자라면 좋겠다고 생각한 걸 수 있어요. 아니면 남자아이 옷이 본인에겐 편한 차림일 수도 있고요"라며 다른 관점을 보여주었다. '남자가 되고 싶다'라는 말에는 여러 사회적, 문화적 맥락이 얽혀 있고 다양한 각도에서 세심하게 접근할 필요가 있음을 다시 한번 느꼈다. 서로 다른 교육 현장을 경험하는 성교육 강사들끼리 의견을 주고받으며 자기 안의 통념을 인식하는 과정은 중요하다. 잠깐 서운해도 교육의 질을 향상하는 데 큰 도움이 된다. 통념은 한번 깨고 나면 금이 간 그릇처럼 힘을 잃는다. 그리고 새롭게 빚은 그릇에는 새로운 관계와 그동안은 발견하지 못했던 감정들이 담긴다.

치열한 토론의 나날을 보내며 A 강사와의 일이 가끔 떠올랐다. B 강사와는 자주 보며 마음을 나눌 수 있었지만, A와는 그럴 기회가 없으니 마음 한구석이 늘 불편했다. 그러던 중 A 강사가 여러 생각을 하며 자신의 틀을 깨가는 중이라며 남긴 반가운 댓글을 보았다. 고마움과 미안함이 교차했다. 무어라 말을 보태지 않고 새로운 게시글에 '좋아요'를 누르는 것으로 마음을 대신했다.

성교육에 관한 한 언제 어디서든, 누구와라도 기꺼이 이야기 나누고 싶다. 지치지 않고 단어 하나에 집착하며 바꿔나가는 그런 강사이고 싶다.

가해자를
교육한다는 것

몇 해 전, 성인 성폭력 가해자를 대상으로 하는 재범방지
교육에 보조진행자로 참여했다. 현장에서는 흔히 '재범방
지' 교육으로 통칭하지만, 법정 용어로는 '수강명령' 교육
이다. 수강명령 교육은 집행 유예를 선고받은 사람들을
대상으로 재범 예방에 필요한 교육을 법원이 명하는 것인
데, 마약, 음주운전, 가정폭력, 성폭력 등의 범죄인에게 부
과된다.

  '성폭력 범죄의 처벌 등에 관한 특례법' 제16조 '형벌과
수강명령 등에 대한 병과'에 따르면, 성폭력 범죄를 범한

사람에게 500시간의 범위에서 재범 예방에 필요한 수강 명령 교육 또는 성폭력 치료 프로그램의 이수명령을 법원이 내리게 돼 있다. 이수명령은 벌금형 이상을 선고받은 범죄인이 그 대상이라는 점에서 수강명령과 다르다. 이 같은 범죄자 교육 및 치료 프로그램은 1988년부터 청소년에게만 적용되다가 1997년부터 성인범까지 확대되었다.

성인 대상 교육은 처음이었지만 이미 청소년 재범방지 교육 경험이 있었던 나는 덤덤했던 반면, 부모님과 남편은 걱정을 많이 했다. 내가 임신 중이었기에 더 그랬는지도 모르겠다.

평범해 보이는 가해자들

보조진행자는 프로그램을 기획하고 진행하는 부담감과 책임감이 주 진행자보다는 적고 집단을 관찰하고 일지를 작성해야 해서 좀 더 수월하게 교육 대상자 집단에 녹아들 수 있었다.

집단원들은 '평균적인 특징'이라고는 없을 만큼 다양했

다. 갓 스물이 된 청년부터 80대 노인까지 연령대는 그야말로 극과 극이었고, 직업도 자영업자, 교수, 사업가, 일용직 노동자, 회사원 등으로 소득 수준이나 사회적 지위 면에서 공통점이 별로 없었다. 체격 또한 피해자를 압도할 만큼 큰 사람만 있는 것도 당연히 아니었다. 왜소하거나 보통 체격이 더 많았다.

첫날엔 서로 낯선 데다 좋은 일로 모인 것도 아니고, 자발적으로 참여한 교육도 아닌지라 집단원끼리 대화가 거의 없었다. 이 고요함은 평화로움과는 거리가 먼 날카로운 침묵 같은 것이었다. 이날은 심리 검사나 자기소개, 자기 탐색 등의 프로그램이 진행됐는데, "성교육을 받는 줄 알았는데 왜 이런 걸 하고 앉았느냐"라는 볼멘소리가 참여자의 입에서 나온 처음이자 마지막 음성이었다.

둘째 날엔 본격적으로 성과 관련된 주제를 다루었다. 첫날보다는 분위기가 조금 누그러진 것 같았다. 집단원 사이에 라포(rapport, 친밀감, 신뢰감, 공감대를 뜻하는 심리 상담 용어)가 형성되면 강사가 일방적으로 무언가를 전달하기보다는 참여자들 스스로 역동(집단원 사이 혹은 집단원과 상담자 사이에 일어나는 상호작용)을 통해 서로서로 전달할 수 있는 내용이 생기는데, 그런 면에선 연령대와 직업군이 다양한 사람들이 모인 것이 훨씬 도움이 된다. 저마다의 생각과 경험이 다르기에 '남자는 원래 그렇다'라는 통념이 오히려 작동하지 않는 듯하다.

참여자 A가 "평소 뉴스를 보면서 '꽃뱀'한테 걸리는 사람이 바보라고 생각했는데 내가 막상 '꽃뱀'에게 당하고 보니 기가 막힌다. 날 이렇게 만들려고 무려 1년을 작업했더라"라고 주장하면서, 다들 뭐가 그렇게 억울한지 한번 들어나 보자는 분위기가 형성되었다. 이에 A가 본인 사건을 공개했는데 사건의 내막은 이렇다.

A와 그의 여자 친구는 1년 정도 연인 관계를 이어왔다. 둘은 평소 영화관-식당-집 순으로 데이트를 해왔는데 으레 집에 도착하면 성관계를 했다고 한다. 사건 당일도 여느 때처럼 영화를 보고 밥을 먹고 집으로 왔는데 여자 친구가 성관계를 거부했다. 이유를 물었더니 "오늘 몸이 안 좋아서"라고 대답했는데, A는 납득이 가지 않았다고 한다. 정말 몸이 안 좋으면 어떻게 외출을 해서 영화를 보고

식당에 갔을까, 그럼 병원을 갔어야지 자기 집에 따라온 게 이해가 되지 않았다고. 그래서 거짓말하지 말라며 여자 친구와 언쟁을 벌였고 다툼 끝에 성관계를 했다고 한다. 다툼 중에 구타도 있었다. 강간치상이었다. 그러면서 A는 억울함이 가득한 목소리로 호소했다. "정말 이상하지 않습니까? 처음 하는 것도 아니고, 1년 동안 관계하면서 한 번도 신고하지 않았는데, 이제 와서 신고를 한다는 게 이상하지 않습니까?"

A가 자기 이야기를 털어놓은 후 집단원들의 반응은 어땠을까? 모두 "아, 그건 아니지… 그리고 때리기까지 하다니…"라며 고개를 절레절레 흔들었다. 같은 남자고 심지어 같은 법원 명령을 받은 집단원들이 "그건 아니지"라고 말한 순간부터 A는 교육 프로그램이 끝날 때까지 억울하다는 말은 꺼내지 않았다.

대체로 여성인 성교육 강사가 대체로 남성인 가해자의 통념을 수정하거나 잘못을 인정하게 하기는 쉽지 않다. 안타깝지만 사실이다. '당신은 강사니까, 여자니까 내 심정을 모른다'는 태도가 일반적이다. 반면에 남성 집단원 간의 비난이나 지적은 (적어도 표면적으론) 더 잘 수용되는 것을 관찰할 수 있었다.

어쩌면 A는 진심으로 자기 잘못을 깨닫고 반성한 게 아니라 다른 집단원들의 반응이 두려워 그저 입을 다물어버린 것일 수 있다. 그렇다 해도 자신이 속한 집단이 자신의 행동을 허용하지 않는다는 걸 직접 확인하고, 그 집단에서 배제될 것이 두려워 범죄 행위를 '중단'할 수 있다면, 그조차 의미가 있다고 나는 생각한다. 물론, 여성 강사의 말보다 성범죄자 남성들끼리의 단속이나 비난이 더 강력하게 작동하는 상황을 지켜보는 건 속상하다. 재범방지 교육 참여자가 남자 강사를 요구한 다른 현장 사례도 있었다. 남자 강사라면 자기 입장을 이해해주리라는 믿음 때문이다. 그렇다면 실제로 남자 강사가 재범방지 교육을 진행하면 더 효과적일까? 난 그렇게 생각하지 않는다. 중요한 것은 강사의 성별이 아니라 전문성과 성인지 감수성임을 누구보다 잘 알기 때문이다.

셋째, 넷째 날쯤이면 집단원 간 라포가 충분히 형성된다. 의무적으로 이수해야 하는 교육이니 본인이 좋든 싫든 빠져나갈 구멍은 없다는 것을 완전히 인식하면서 분위기가 절정에 이른다. 아침엔 서로 웃으며 인사를 나누고, 점심땐 우르르 나가서 식사를 함께하기도 한다. 만삭이라 몸이 무거워진 나를 위해 부탁하지도 않았는데 쉬는 시간에 물을 떠다 주거나 의자를 빼주고 밀어주는 매너를 보이기까지 한다. 쉬는 시간이 없었으면 좋겠다 싶을 만큼 발표도 토론도 활발하다. 그 어느 때보다 프로그램에 적극적이고 자발적으로 참여한다.

왜 범죄자들 말을 다 듣고 있어야 하죠?

집단상담 형식을 빌려 편안한 환경에서 참여자가 자기 이야기를 꺼내놓도록 유도한 우리 프로그램은 인지행동치료 프로그램의 일환이었다. 강사들은 참여자의 발언 내용이 달갑지 않아도 끝까지 듣고, 그들이 숨겨놓은 마음들, 경험들, 생각들을 끄집어낼 수 있게 격려했다. 그 과정에서 참여자가 자신을 탐색하고, 자기 행위의 인과관계를 따져보고, 자기 안의 통념을 깨닫도록 도왔다.

성범죄를 저지른 사람들끼리 발표하고 토론하는 것이 무슨 소용이냐고 반문할지 모르겠다. 핵심은 이들이 '똑같은' 범죄자는 아니라는 데 있다. 자신이 저지는 일에 대해 인지하는 방식도 다르고, 성에 대한 지식이나 경험도 매우 다양하다. 그래서 서로 이야기를 하도록 붙여놓으면 '남자라고 다 똑같지는 않다'는 걸 자각한다. 그렇게 '남자가 다 그렇지'라는 변명은 통하지 않게 된다.

똑같은 프로그램이어도 진행자 신념이나 스타일에 따라 운영 방식이 달라질 텐데, 내가 유념했던 것은 내가 '강사'라는 점을 잊지 않는 것이었다. 내 역할은 그들의 죄를 한 번 더 판결하는 것이 아니라, 모르는 것을 알려주고, 잘못된 정보는 바로잡고, 자기감정과 의사를 타인에게 해가 되지 않도록 표현할 수 있게 돕고, 더 나은 관계 맺기가 가능하도록 지지하는 것이라고 생각했다.

나는 이후 3년 동안 재범방지 교육에 여러 차례 참여했는데, 중간중간 함께한 다른 보조진행자들은 이런 분위기를 못마땅해했다. 왜 가해자들 말을 다 듣고 있는지, 범죄자들이 이렇게 편안한 분위기 속에서 지내도 되는지 이해하지 못했다.

　프로그램 초반에 내가 이해할 수 없었던 부분도 있었다. 정장 치마를 입고 참석한 날 주 진행자에게 치마를 입지 말라는 지적을 받았다. 왜 강사인 우리마저 '야하고 짧은 옷차림이 성폭력을 자극하고 유발한다'는 통념에 맞춰야 하는지 의문이었지만, 보조진행자였기에 최대한 협조하는 마음으로 내내 바지를 입고 다녔다. 내가 주 진행자가 된 후엔 성 통념을 다루는 날엔 일부러 하늘거리는 꽃무늬 원피스를 입거나 머리를 묶지 않고 치렁치렁 풀었다.

피해자를 줄일 수만 있다면

교육이 효과가 있을까. 우리 프로그램을 거쳐 간 사람들이 다시 성폭력을 저질렀는지는 추적할 방법이 없어 확인할 수 없지만, 나는 적지 않은 변화가 있을 거라고 믿는다.

　첫날 보조진행자로 소개된 나를 가리키며 왜 우리를 엄한 사람한테 노출시키느냐며 나가라고 언성을 높였던 참여자가 마지막 날에는 "이런 프로그램을 어렸을 때 경험

했다면, 내가 이렇게 되진 않았을 텐데" 하고 아쉬움과 후회를 드러내는가 하면, 프로그램 도중 어릴 때 성적 학대를 당한 사실이 떠올라 혼란스러워하며 "이 경험 때문에 제가 이런 행동을 했을까요?" 묻는 참여자도 있었다. "앞으로 두 번 다시는 이런 곳에서 만날 일 없을 겁니다"라고 다짐하는 참여자도 물론 있었다. 첫째 날엔 상상하지 못했던 일이다.

성폭력 가해자 재범방지를 위한 인지행동치료 프로그램의 효과성을 통계적으로 분석한 한 연구에 따르면, 충동성을 제외한 자아존중감, 강간 통념, 상태 특성–분노 표현, 아동 성추행, UCLA 고독감(로스앤젤레스 캘리포니아 대학에서 개발한 고독감 척도), 성을 이용한 대응에서 프로그램 효과가 유의미하게 있는 것으로 나타났다. 프로그램 이후 양성평등 및 자기 책임 의식 또한 높아졌다고 보고하는 연구도 있다. 자기 책임은 상대방에 대한 느낌이나 생각을 전달하고 받아들이는 공감 능력과 연관된 의식이어서, 피해자의 고통을 이해하고 수용함으로써 성폭력 재범방지에 중요한 역할을 한다.

왠지 또 성폭력을 저지를 것만 같은 불안감을 남긴 참여자도 물론 있었다. 인지행동치료 중심의 프로그램이 '충동성' 부분에서는 유의미한 효과를 내지 못한다는 것도 안다. 그래도 가해 행위의 핵심 원인이 성 고정관념이나 성평등 의식 부족에 있는 가해자의 경우는 이 프로그램이 재범 확률을 낮추는 데 도움이 된다고 생각한다.

누군가 왜 가해자를 위해 교육하냐는 질문을 한 적이 있다. 내 대답은 하나다. 바로 '피해자를 위해서'다. 단 한 명이라도 교육을 받은 후 성폭력을 저지르지 않는다면, 피해자도 줄어들 테니까.

지금 이 순간에도 수많은 성교육 강사가 성폭력 가해자를 만나고 저마다의 방식으로 프로그램을 운영하고 있을 것이다. 시행착오를 겪고 있는 분, 가해자와의 트러블로 속이 상할 대로 상한 분도 있을 것이다. 그럼에도 성폭력을 줄이겠다는 신념으로 자기 자리를 지키고 있음을, 그 마음과 수고로움을 알기에, 멀리서나마 감사와 응원의 마음을 보내본다.

몰라서
못 해준 말

비가 억수같이 쏟아지는 날이었다. 수강명령 교육 대상자
인 A가 아직도 교육장에 도착하지 않았다. 교육 시간을
지킨 적도 없지만 무단 결석은 하지 않는 친구여서 오도
가도 못 하고 하염없이 기다릴 수밖에 없었다. 답답하고
짜증스러웠다. 30여 분 거리를 자전거로 오가는 A가 이
폭우를 맞으며 페달을 밟는 모습이 눈에 선했다. 사고가
나지는 않았을까 이번엔 걱정이 밀려왔다. A는 지적장애
가 있는 남자 중학생이었다.

지적장애 청소년 성교육

처음 A의 수강명령 교육을 의뢰받았을 때 사건 개요와 신상 정보를 전해 듣는 순간 머릿속에 한 아이가 선명히 떠올랐다.

지역아동센터에서 생활복지사로 일할 때였다. 센터에 늘 오는 지적장애 초등학생이 있었는데, 작은 일에도 잘 웃는 귀여운 구석이 있는 아이였다. 아이는 종종 내게 "선생님 선생님, 심폐소생술 알아요?" 하고 말을 붙이곤 했다. 학교에서 배운 걸 자랑하고 싶은 것 같았다. 그럴 때마다 나는 "우와, 그런 것도 알아? 대단하네~" 하며 한껏 칭찬을 해주었다. 그러던 어느 날 대학생 자원봉사자가 그 아이에 대한 상담을 요청해 왔다.

자원봉사자 말로는 얼마 전부터 이 아이가 "심폐소생술을 할 줄 아느냐"고 묻고는 해보자고 조르며 손을 선생님들 가슴에 닿을 듯 뻗는다고 했다. "배운 걸 자랑하고 싶었나 보죠"라며 대수롭지 않게 대답하는 내게 "근데요, 여자 선생님들한테만 그래요"라는 묵직한 한마디가 돌아왔다. 이후 나는 아이의 행동을 유심히 살피기 시작했다.

당시 센터에는 여성 생활복지사(나를 포함해), 여성 학습 지도 교사, 남성 사회복무요원이 두 명씩 근무했고, 중년의 여성 조리사와 수많은 남녀 대학생 자원봉사자가 오갔다. 아이는 정말로 여자 대학생 자원봉사자에게만 심폐소생술을 하자며 졸랐다. 성적 호기심과 의도가 있는 행동이란 생각이 들었다. 단순히 배운 걸 실습해볼 요량이었다면 상대가 누구든 가리지 않았으리라.

슬픈 예감은 왜 틀리지 않는지. 아니나 다를까 A는 지역아동센터에서 만났던 바로 그 아이였다. "잘 지냈어?" 하고 인사를 건네는 나를 A는 전혀 기억하지 못했다. A는 여전히 잘 웃었다. 지각을 할 때마다 혼나면서도 뒤통수를 문지르며 히히 웃었다. 수강명령은 교육 시수를 채우는 게 과제라면 과제인지라 시작을 제때 못하면 다른 날을 잡아 벌충해야 했다. 대충 가짜로 교육할 순 없지 않은가. 나는 또 지각을 하면 경찰서에 데려간다고 을러도 봤지만 A는 다음 시간에도 역시 늦게 도착했다. 내뱉은 말을 실행에 옮기는 것이 무엇인지 느끼게 하고 싶어 무작정 인근 파출소로 데려간 적도 있다. 사전 연락 없이 들렀지만 근무 중이던 경찰관은 A와 마주 앉아 이런저런 이야기 나누어주었다. 이 일이 뇌리에 남았는지 바로 다음엔 지각하지 않았지만, 그것도 한 번뿐이었다.

A의 인지 능력으로는 가해자 재범방지 교육의 의의나 중요성을 이해하기 어려웠다. 학교 행사가 있어 교육에 늦을 것이 확실한 날에도 이를 미리 알려야 한다는 데까지 생각이 미치지 못했다. 안타깝게도 연로하신 할머니와 살고 있어 아이에게 신경 써줄 보호자도 사실상 없었다. 사정이 빤하니 수강명령을 성실히 이행하지 않는다고 매일 다그칠 수도 없는 노릇이었다. 어찌어찌 40시간 교육을 이수하긴 했지만, A가 다시는 성추행을 하지 않으리라곤 장담할 수 없을 것 같다.

하는 사람도, 듣는 사람도 열심히는 하지만

지적장애 청소년 B 역시 성추행 가해자로 수강명령 교육을 받게 됐다. A와는 달리 부모의 보살핌과 지원이 있었고, 생활연령도 높은 편이었다. 시간을 정확히 지켰고 교육 내용에 잘 집중해서 여러 이야기를 비교적 수월하게 나눌 수 있었다. 성실하게 교육에 임하는 B를 칭찬하며 선물을 해주겠다는 내 말에 B는 종이에 적어 내겠다며 무언가를 썼다. 펼쳐 본 종이엔 또박또박 "백허그"라고 적혀 있었다. 그 바로 위엔 "키스"라고 썼다가 줄을 그어 지운 흔적도 있었다. 교육장이 있던 센터는 항상 바빠서 상담실, 사무실 할 것 없이 사람들로 북적였는데, 그날따라 상담실엔 우리뿐이었다. 이 사실을 인지한 순간, 180센티미터의 큰 키를 가진 남자 고등학생인 B가 무서워졌다. 다행히 B는 내 거절을 단번에 수용했고, 악수로 선물을 대신할 수 있었다.

C와는 과도한 음란물 시청 상담 때문에 만났다. 내가 만난 지적장애 청소년 가운데 인지력이 가장 높았고 상담할 때 태도와 적극성, 이해력, 시간 엄수 등에서 흠잡을 게 없어서 별다른 마음고생 없이 상담을 마칠 수 있었다. 그런데 문제는 나중에 발생했다. 상담이 종료되고 며칠 지나지 않아 C의 부모가 나를 만나고 싶다며 센터를 찾아오셨다. 나는 상담센터에 등록된 객원 상담사여서 매일 출근

하지 않는데 그날은 다른 일로 상담실에 들른 차여서 바로 면담을 진행할 수 있었다.

"선생님, C가 성관계를 했습니다." 격앙된 목소리였다. C의 부모는 대체 상담이 어떻게 진행됐길래 C가 여자 친구를 조르고 설득해 성관계까지 했는지 알고 싶다고 했다. 성폭력을 저지른 것도 아니고 상호 동의 아래 성관계를 한 것을 두고 10회기 동안 열심히 상담한 나를 질타한다는 생각에 서운하고 억울한 마음이 먼저 들었다. C의 부모는 "청소년이 성관계를 한 게 잘했다는 겁니까?"라고 화를 내고는 휙 나가버렸다.

혼자 풀 수 없는 문제

지적장애 청소년 교육과 상담은 강사 개인이 열심히 한다고 뚜렷한 효과를 낼지 가장 확신할 수 없는 활동이다. 대상자에 따라 교육 내용을 거의 이해하지 못하거나 어느 정도는 알아듣는 등 편차가 심하다. 수강명령 교육을 회당 네 시간 진행한다고 했을 때, 과연 대상자가 얼마만큼 집중할 수 있고 했는지도 판단이 어렵다. 무엇보다 배운 것을 실제 생활에 적용하고 실천할 수 있느냐가 관건인데, 그러려면 회당 교육 시간을 줄이고 자주, 꾸준히 교육하는 것이 그나마 효과를 기대해볼 만한 방법이다.

하지만 프리랜서 객원 강사 입장에서는 20회기, 40회기 교육은 만만한 계획이 아니다. 잦은 이동에 따른 비용 부담이 분명히 생기고, 교육 대상자가 한 명이 아닌 경우엔 고려해야 할 것이 더 많아진다. 기관 내 상근 상담사라면 오히려 업무 과중으로 이어질 수 있다. 길어진 회기만큼 한 회차 교육 시간이 짧아지기 때문에 매회 서론만 이야기하다 과정이 끝나버릴 수도 있다.

결국 일상을 가까이에서 함께하는 보호자가 대상자를 살피고, 그때그때 생활에 적용할 수 있도록 돕는 과정이 절실하다. 그러려면 보호자를 위한 포괄적인 교육과 지원이 필요하다. 일상에서 지적장애가 있는 아이를 성교육하는 법, 위기 상황 대처법, 지원기관 소개와 연대, 자조 모임 등 다양한 방안을 시도해보면 좋겠다. 법원 명령으로 보호자 교육이 이루어지는 경우가 간혹 있지만 대개 일회성에 그치곤 하는 현실부터 하나씩 바꿔나간다면 어떨까.

교육 대상자에게 보호자가 없거나 보호자 또한 지적장애인이고 경제적으로 매우 곤란한 상황이라면, 보호자의 역할을 강조할수록 지적장애인의 성교육 환경은 더 취약해진다. 최고의 상황은 수강명령 대상자와 생활을 거의 같이 하며 지속적으로 교육하는 복지사를 지원하는 것이겠지만, 이를 '가해자'를 위한 세금 지출이라고 생각해 버리면 공감대를 얻기 힘들 것이다. 그렇다고 자기 행동에 대한 인지나 반성이 어려운 지적장애 가해 청소년을 소년원에 보내면 재범방지에 도움이 될까? 이 역시 난제다.

무지했던 시간들

제도의 부족함을 꼬집자면 한도 없지만, 이 글을 쓰며 내가 저지른 실수는 없는지 되돌아봤다. 이들과의 교육 시간 내내 나는 하지 말아야 할 것들만 잔뜩 늘어놓았다.

의도했든 안 했든, 인지했든 못 했든 이들에게 성적 욕구가 있다는 사실은 젖혀놓고 잘못한 결과만을 두고 이야기한 것이다. 너에게도 성욕구가 있고 그게 당연하다고, 너의 몸과 성욕구를 잘 이해하고 조절하려면 어떻게 해야 하는지는 알려주지 않았다. 그저 다른 사람의 몸을 함부로 만지면 안 되고, 다른 사람들이 있는 곳에서 자기 몸을 노출하거나 아무나 만지게 해서도 안 된다는 이야기만 반복했다. 오로지 '금지'만을 말했던 셈이다.

비장애인 성교육에서는 더 개방적이고 솔직한 태도를 보여주려 애쓰는데, 낯설고 막막하단 이유로 장애인 성교육에서 전형적인 태도를 고수한 내가 보였다. 상대방과의 관계성은 고려하지 않고 백허그와 키스를 하고 싶다고 표현한 B, 동의만 하면 된다는 주입식 정답에 건강이나 피임, 임신과 양육, 무엇보다 파트너와 마음을 주고받는 다양한 시도를 해볼 생각조차 못하고 성관계에만 매달린 C…. 장애인 성교육에 대한 나의 무지가 훤히 드러난 시간들이었다.

A의 수강명령 교육이 끝나는 날, "다신 그러지 마! 우리 여기 말고 다른 곳에서 웃으며 만나자"라던 내게 A는 언제나처럼 뒤통수를 긁적이며 웃어 보였다. 늘 땀에 젖은

채 교육장에 들어서던 아이, 그날도 땀을 뻘뻘 흘리며 자전거를 타고 집으로 돌아갔을 것이다.

변명의 여지 없는 잘못을 저지른 가해자임에 틀림없지만 나는 그래도 A를 떠올리면 아프다. 지역아동센터, 수강명령 교육, 내겐 무려 두 번의 기회가 있었는데 그 기회를 충분히 A의 행복을 위해 쓰지 못했다는 죄책감에 가슴이 콱 막히는 듯하다.

그렇게 내게는 새로운 숙제가 생겼다.

내 아이가
가해자일 때

성폭력 가해 청소년 교육을 진행해보면 아이들 태도가 저마다 달라도 너무 다르단 것을 발견하게 된다. 교육 내내 풀이 죽어 강사와 눈조차 마주치지 못하는 아이, 그저 해맑고 활기찬 아이, 시종 꼿꼿한 자세로 묵묵하게 교육을 듣는 아이…. 개개인의 성격이나 기질 차이일까? 당연히 얼마간은 그럴 것이다. 하지만 부모 면담을 해보면 사건을 다루는 부모의 태도가 아이들에게 상당 부분 투영됐다는 걸 알게 된다.

뭐가 중요한지 모르는 유형

내 아이가 가해자일 때 부모의 반응 가운데 아이들에게 해가 되는 세 가지 유형이 있다.

첫 번째는 '뭣이 중한디' 유형이다.

중학교 1학년 여섯 명이 교실에서 지속적으로 성희롱 발언을 일삼다 특별교육을 받게 됐다. 이 여섯 명은 매일 붙어 다니는 '절친'인지라 라포 형성엔 따로 힘을 쏟을 필요가 없어서, 바로 본격적인 교육에 들어갈 수 있었다. 하지만 역시 지나치게 친밀한 탓에 교육장 분위기는 화기애애를 넘어 걸핏하면 왁자지껄로 변질되기 일쑤였다.

그러던 어느 날, 점심시간이 지나고 오후 교육이 시작될 참인데도 아이들은 삼삼오오 수다를 떨거나 장난을 쳤다. 내 존재는 얼마든지 무시할 수 있다는 듯 신경 쓰지 않았다. 언제까지 이럴지 두고 보자는 마음으로 오도카니 앉아 그 광경을 지켜보았다. 시간이 얼마나 흘렀을까. 아이들은 드디어 수다를 멈추고 자기 자리에 앉아 필기도구를 정리한 후 나를 바라보았다. 시계를 보니 오후 1시 40분이었다. 아이들에게 다시 한번 교육 시간 규칙을 고지했다.

"교육이 40분 지연되었네요. 오늘은 40분 늦게 마치도록 하겠습니다. 시간 엄수, 사전에 말씀 드렸죠?"

아이들은 '하아' 하고 깊은 한숨을 내쉬었다.

교육 시작 전엔 반드시 프로그램의 목적과 참여 시간, 기타 지켜야 할 규칙을 공유한다. 배우고 토론하며 느끼는 내용뿐 아니라 시간을 지키고 교육에 필요한 것을 준비하는 등 형식을 갖추는 것 또한 프로그램의 일환이기 때문이다.

40분을 추가한다는 소리에 아이들은 내가 주의를 주지 않아도 스스로 시계를 보며 시간을 확인했고, 조는 친구를 깨워주고, 장난 치는 친구에게 눈치를 주며 교육에 임했다. 나의 '칼퇴'를 포기한 대가로 아이들의 높은 참여도를 얻은 셈이었다.

그러나 잃은 것도 있었다. "40분이나 늦게 마치는 바람에 학원 시간에 늦었다"며 한 부모에게 항의를 받은 것이다. 추가 교육 시간에 대해 미리 알리지 못한 것은 내 잘못이 맞다. 집에 돌아올 시간이 한참 지났는데 아이가 오지 않으면 기다리는 부모는 불안하기 마련이니까. 그런데 내

귀에 들린 단어는 '학원'이었다. 아이들은 학원에 늦어 부
모에게 혼이 날까 무서워서 그토록 빠릿빠릿하게 움직였
던 걸까. 나는 그만 맥이 빠져버렸다.

피해자를 탓하는 유형

A는 같은 학급 여학생들의 치마 속을 불법 촬영해 특별교
육을 받게 되었다.

학교 예술제를 앞두고 댄스 연습에 한창이던 여학생들
의 연습 영상을 찍어준다고 다가가선 카메라를 바닥에서
위로 잡아 의도적으로 치마 속이 촬영되도록 한 것이다.
A는 치마 속만 찍은 것도 아닌데 선생님에게 알려서 일을
크게 만들고 친하게 지내던 사이에 치사하게 신고를 해서
더 화가 난다며 피해자에 대한 분노를 자주 표출했다. 나
는 아이의 분노감이 심상치 않아 부모에게 면담을 요청했
다. A의 부모는 해당 사건으로 크게 상심해 있었다. 아이
의 잘못된 행동을 걱정하고, 어떻게 훈육하면 좋을지 진
지하게 의논하는 등 적극성을 보였다. 이야기가 통해서

한참 주거니 받거니 하다가 분위기가 무르익었다 싶어 물었다.

"그런데 아이가 피해자에 대한 분노를 자주 보여요. 혹시 제가 모르는 사정이 있나요?"

면담에서 보여준 태도를 미루어봤을 때 A 부모의 대답은 좀 의외였다. 아니, 너무 뻔해서 설마 꺼낼 수 있을까 싶은 대답이었다.

"우리 애가 잘했다는 건 아니지만, 하필 그런 애랑 엮여서. 걔가 원래 좀 그런 애거든요."

설마 바로 그 유형이신가. 나는 침착하게 대화를 이어갔다. "네? 그런 애라니, 무슨 뜻이신지…."

A 부모는 어쩜 그렇게 눈치가 없냐는 투로 말했다. "선생님, 걔요, 방학 땐 노랗게 염색도 하고 아무한테나 방실방실 잘 웃는 애예요."

그랬다, '내 아이가 잘했다는 건 아니지만' 유형.

자녀가 성추행을 하는 모습이 CCTV 카메라에 찍혀 그 장면을 보면서도 이런 반응을 보이는 부모가 꽤 많다. '우리 아이가 그런 행동을 하긴 했지만 사실은 순진하니 괜히 성교육한답시고 이상한 거 가르치지 말고 무난하게 교육해달라'라고 주문하는 부모, '요즘 세상이 하도 별나서 그렇지, 옛날에 이 정도는 아무 일도 아녔다'라며 대수롭게 여기지 않는 부모도 있다.

이런 반응을 보이는 부모는 스스로 성 고정관념에 사로잡혀 있을 가능성이 크다. '잘 웃는 여자는 헤프다'라든가 '남자는 성욕을 참지 못해서 그럴 수 있다', '여자가 남자 혼자 있는 집에 왔으면 뻔한 거다' 같은 관점으로 성폭력을 보면서 사건의 원인을 가해자가 아닌 피해자에게 돌리는 것이다. 의도적이지 않았더라도 자녀의 가해 행동의 원인을 피해자나 당시 정황으로 돌려버리면 아이도 그렇게 받아들인다. 그러니 아이는 피해자에 대해 분노하게 되고 억울함을 느끼는 것이다.

'기죽지 마' 유형

C는 특별교육 시간의 모범생이었다. 시간을 잘 지키는 것은 기본이고, 발표 참여에도 열심이었다. 인사도 잘하고

예의가 몸에 배어 있었다. 수업의 질을 올리는 C의 태도는 다른 교육생들에게도 긍정적인 영향을 미쳤다. 난 그런 아이가 기특하면서도 한편으론 너무나 평온하고 모범적인 태도에 이질감을 느꼈다.

그러던 중 성폭력 사건 전후로 대인관계와 학업, 진로, 가족관계, 경제, 학교생활뿐 아니라 정서적으로 어떤 변화가 있었는지 하나하나 짚어보고 점수화해보는 작업을 해본 날, 나는 비로소 C에게 느낀 이질감의 실마리를 찾을 수 있었다.

특별교육 참여자 대부분이 사건 후에 학교와 집에서 생활이 모두 부정적으로 변했다고 평가하면서, 자기가 저지른 행위의 대가를 스스로 확인하게 된다. 그런데 C의 경우 사건 후 점수가 도리어 올랐다. 드물지만 사건 후 점수가 높은 사례가 없지는 않다. 보통 부모의 관심을 더 받게 되고, 가족 여행이나 식사 기회가 늘어 부모와 관계가 돈독해졌다고 평가한 경우다. C는 특이하게도 '경제' 항목 점수가 눈에 띄게 상승했다. 자기 점수를 발표할 차례가 되자 C가 웃으며 말했다. "저는 요즘 용돈이 더 올랐어요.

부모님이 기죽지 말래요."

C의 부모가 바로 마지막 '기죽지 마' 유형이었다.

아이 잘못을 알지만 사건 때문에 기를 못 펴서 대인관계 등이 나빠질까 봐 노심초사하는 보호자들이 있다. 사건에 대해 아이와 터놓고 대화하기보다 아이가 갖고 싶어 하던 물건이나 용돈을 쥐어주며 "앞으로 안 그러면 돼"라고 다독이며 마무리한다. C 역시 부모와 사건 이야기를 해본 적 없다고 말했다. 매일 얼굴을 보며 일상을 나누는 사람들이 "괜찮다"고 말해주고 뜻하지 않게 선물까지 받는데, 아이가 평온하지 않을 이유가 없었다.

하지만 1년 후, 나는 C를 가해자 특별교육 자리에서 다시 만났다.

실망한 마음마저 솔직한 애정으로 드러낸다면

보호자 강의에서 내가 빼놓지 않고 던지는 질문 중 하나가 "자녀가 가해자라면?"이다.

이 질문을 던지면 장내는 일순간 조용해진다. 잠시 기

다리면 다양한 반응이 나온다. 상상만으로 가슴이 답답하다는 사람, 차마 말을 잇지 못하는 사람, 호되게 때려줄 거라며 화를 내는 사람 등. 그중 지금까지 기억 속에 선명히 남은 답변이 하나 있다. "내가 할 수 있는 한 최고의 변호사를 선임할 겁니다." 앞에서 말한 세 가지 유형이 절묘하게 섞인 답변이었다. 어떻게든 자녀를 지키고 싶은 심정이 전해지는 한편, 그렇게는 절대로 아이를 지키지 못하리라는 예감에 내 마음도 시끄러웠다.

심리학자 에릭 에릭슨은, 청소년 시기는 친구나 주변 사람과의 관계를 통해, 또는 존경하는 사람이나 멘토를 통해 자신의 위치와 능력, 역할, 책임에 대해 인식함으로써 자아 정체감을 정립하는 시기라고 말한다. 자아 정체감에는 성 정체감이 포함된다. 이 시기에 여러 이유로 아이의 성 문제를 살피지 않고 무시하거나 회피, 왜곡하면 아이가 긍정적인 성 정체감을 확립하는 데 어려움을 겪는다. 특히 가해 행위를 한 자녀를 대할 때 부모가 혼란스러운 태도를 보이면 상황은 더 악화된다. 스스로 생각해도 나쁜 짓을 한 것 같은데, 무엇이 잘못이고 얼마나 큰 잘못인지는 모르겠고, 학교나 법원은 '가해자'라며 교육을 받으라는데 정작 부모는 피해자를 비난하거나 이런 일로 주눅들지 말라며 달래준다면? 당연히 아이는 윤리적인 판단의 기준을 상실한 채 자신에게 유리한 쪽으로 생각을 기울일 것이다.

자녀가 가해 행위를 했을 때 부모가 보일 수 있는 가장 좋은 자세는 '솔직함'이다. 내 경험만 놓고 보면 처음부터 끝까지 진지하게 교육을 받은 아이의 부모들은 무엇보다 솔직했다. 내 아이가 가해자가 되었다는 낭혹감, 상황을 어찌 풀어가야 할지 모르겠는 막막함, 자녀에 대한 실망감, 하지만 여전히 자녀를 사랑한다는 고백, 더불어 피해자에 대한 미안함, 앞으로 어떻게 하는 것이 옳은 것인지 자녀에게 묻는 용기…. 사건을 피하지도 축소하지도 않고 솔직한 태도로 밀려오는 여러 감정과 고민을 아이와 함께 풀어가는 것이 중요하다.

아이들은 끊임없이 질문한다. 나는 어떤 사람인가, 그리고 어떤 사람이 될 것인가. 그렇게 질문하고 고민하며 한 사람으로 성장해간다. 질문도 고민도 더 이상 없다면 거기에서 성장은 멈춘다. 아이들이 성장을 멈추지 않도록 자기 잘못을 마주할 수 있게 돕는 것이 보호자와 내 역할일 것이다.

스스럼없이 부르고
사랑하기

"엄마, 찌찌 보세요~ 엉덩이 보세요~"

딸아이는 목욕할 때마다 익살스러운 표정으로 내게 말했다. 세 돌을 앞둔 때였다. 두 살부터 슬슬 엄마 몸을 뚫어지게 쳐다보고 쿡 찔러보며 "이건 뭐예요?" 하고 묻더니, 점차 아예 대놓고 관찰하고 만져보며 몸을 장난감 삼아 놀기 시작했다.

만 2~3세 무렵이 아이들에게 손, 발, 엉덩이뿐 아니라 성기에 이르기까지 각 신체기관의 이름과 역할을 알려주기 좋은 시기다. 그런데 보호자는 이때부터 고민에 빠진다. 성기를 무어라 부르게 하면 좋을지, 성기의 역할을 '쉬하는 곳' 정도로 일러주면 될지, 아니면 몽땅(?) 알려줘야할지.

편안하게 하나씩

유아에게 성기에 대해 알려줄 때 '잠지', '고추'라는 말 대신 '음순'과 '음경'이라는 정확한 용어를 사용하는 게 좋다는 의견이 있는데, 나는 그러지 않아도 된다고 생각한다. 성교육 강사 활동 초반에는 나 또한 '정확한 용어'를 구사하기 위해 꽤 신경 썼고, 실수로라도 아이들 앞에서 잠지나 고추라는 단어를 쓰면 동료 강사들의 날카로운 지적이 날아왔다.

그런데 문득 의문이 들었다. 이제 막 말을 배우며 종알 대기 시작한 아이들에게 음순, 음경 같은 단어가 얼마나 어려울까? 귀에 제대로 꽂히긴 할까? 목욕할 때, 속옷을 갈아입을 때, 놀이터 모래밭을 뒹굴 때 등 일상에서 이런 용어를 쓰며 아이를 챙기는 보호자가 얼마나 될까?

난자와 정자를 알려줄 때도 명칭 혼란은 계속된다. 정자 그림을 보여주며, "이건 뭘까요? 올챙이처럼 생겼죠? 바로 아빠 몸속에 있는 아기 씨앗이에요. 이름은, 정자! 따라 해볼까요?"라는 식의 설명은 혼란스럽기 그지없다. 올챙이처럼 생겼지만 올챙이는 아니고, 아기 만드는 씨앗인데 이름은 정자라니! 마치 "할배지만 할배는 사투리고, 실은 할아버지라고 불러야 하는데, 조부라고도 한단다"라고 설명하는 것과 같지 않을까. 할배면 어떻고, 할아버지면 어떻고, 조부면 어떤가. 할배한테 할매라고만 안 하면 되지.

나는 유아기 아이에게 성기에 대해 말하고 가르칠 때 잠지, 고추만큼 안성맞춤인 단어가 없다고 생각한다. 아이들이 발음하고 기억하기 쉽고, 보호자 또한 스스럼없이 사용할 수 있어서다.

대다수 보호자의 고민은 다음 단계에서 깊어질 것이다. 성기의 역할을 어디까지 설명해줘야 할까?

너무 깊이 고민하지 말자. 처음부터 전부 정확하게 설명할 필요는 없다는 뜻이다. 아이의 호기심을 따라 천천히 시작해도 충분하다. "잠지, 고추는 오줌도 싸고 아기를 만들 때 중요한 역할을 한단다" 정도면 어떨까. 아이가 더 궁금해한다면 난감한 얼굴로 먼 곳을 보지 말고 "네 생각 엔 어떤 것 같아?" 하고 되물으며 아이와 대화를 나누어도 좋다. 아이가 자기 성기와 몸에 대한 신비감과 긍정적 시각을 키우도록 돕는 것이 유아 성교육의 첫걸음이라는 마음으로.

나는 운이 좋았다. 큰아이가 몸에 대한 호기심으로 충만해 있던 무렵, 둘째를 임신했다. 엄마 배가 점점 부풀어 올라 어느 날 짠 하고 동생이 생기는 경험을 전해줄 수 있었던 것이다.

아이는 매일매일 "엄마 배가 점점 커지고 있어, 배 안에 아기가 있어, 아기는 어떻게 저기 들어갔지? 언제 어떻게 나와? 나도 저 안에 있었어?" 하며 질문을 해댔다. "엄마, 그러면 아빠가 나를 엄마 배 속에 넣어 놓았어요?"라는 질문을 하루에 열 번도 넘게 한 적도 있다. 나와 남편은 질문이 아무리 엉뚱해도 진지하게 대답해주려 노력했다. 때로 아이는 '이젠 알겠어. 궁금증이 풀렸어' 하는 의기양양한 눈빛을 띠었다.

만져보니까 어때?

이즈음 엄마로서는 편하기도 하고 귀찮기도 한 변화가 생겼는데, 그건 바로 큰아이가 "내가, 내가!"를 시작했기 때문이다. 무엇이든 본인이 하겠다고 나서는 모습이 신기하고 기특했지만, 잔뜩 어질러진 방과 자꾸 늦어지는 시간을 수습하느라 어째 나만 더 바빠졌다.

아이의 "내가, 내가!" 행동 가운데 대표적인 것이 '샤워 후 로션 바르기'였다. 작은 손에 로션을 한 움큼 짜서 두 발에 잔뜩 바르고는 그대로 바닥에서 슬라이딩 놀이를 하곤 했다. 어느 날 소란스러워야 할 타이밍에 아무 소리가 없어 아이 쪽을 봤더니, 아이는 개구리처럼 앉아서 자기 잠지를 양손으로 벌리고 가만히 들여다보고 있었다. '아, 벌써 때가 되었구나' 싶었다. 만 3세 즈음 시작된다는 유아 자위가 우리 아이에게도 온 것이다.

"뭐 하고 있어?"

모르는 체하고 묻자 아이는 내 눈치를 쓱 보더니 잠지 만지던 손을 거두었다. 엄마가 혼을 내려는 건지 칭찬을 하려는 건지 질문의 의도를 파악하지 못해서 일단 멈춘

것 같았다. "잠지 만지고 있었어? 만져보니까 어때?" 하고 물으니, 그제야 안심이 되는지 "예뻐요"라고 대답했다. 나도 순간 안도했다.

성교육 시간에 '우리 몸은 소중하다'고 강조하는 것은, 몸이 마음과 분리된 것이 아니며 나 자신을 소중하게 여기는 인식, 즉 자아존중감과 연결되어 있다는 걸 알려주기 위해서다. '소중하니까 지켜야 한다'는 금욕을 기반으로 한 통제 중심 성교육과는 완전히 다른 결이다.

말은 이렇게 하지만 아이가 목욕을 하고 나와 옷을 빨리 입지 않고 미적거리면 "아이고, 부끄러워라. 얼른 옷 입으세요"라며 채근할 때가 있다. 아이의 벗은 몸이 부끄러워서가 아니라 타인이 있는 자리에서 알몸으로 있는 상황을 지적한 것이지만, 이런 제지가 설명 없이 반복될 때 아이는 자기 몸을 언제나 가려야 할 부끄러운 것으로 인식할 수도 있다. 아이가 자기 성기를 예쁘다고 망설임 없이 말하면서 쓰다듬는 모습에 마음이 놓인 이유다.

솔직히 아이들에게 성기와 항문만큼 신비하고 재미있는 곳이 또 있을까? 몸에서 오줌과 똥이 쏟아져 나오는데,

어째 신기하지 않을 수 있을까? 내 몸이 무언가를 만들어 낸다는 것이 얼마나 자랑스럽고 뿌듯할까? 그러니 어떻게 생겼는지 자세히 들여다보고 싶고 만져보고 싶은 마음은 무척 자연스러운 것이다. 실제로 만져보면 이상한 자극이 오니 더 흥미가 생긴다. 아이로서는 자기 몸에 달린 최고의 장난감을 발견한 셈이다.

그런데 아이의 자위에 보호자가 기겁하며 앞뒤 설명 없이 '만지면 안 된다'고 혼내면 아이는 혼란스러울 수 있다. 자기는 좋은데 왜 말리는지 알 수 없고, 또 할 수 없다는데에 불만이 생길 수 있다.

아이가 성기와 신체 부위에 관심을 보이고 유아 자위를 하는 시기가 오면 아이의 놀이에 동참해보면 어떨까. 성기가 어떻게 생겼는지 함께 그림을 그려보는 것도 좋다. 엄마와 딸이라면, 엄마 잠지와 아이의 잠지가 똑같이 생겼는지, 다른 점은 무엇인지 얘기하다 보면 의외의 재밌는 질문도 만나게 된다. 우리 아이는 "엄마 잠지에는 머리카락이 있는데 나는 왜 없어요?"라고 물었다. 만졌을 때 느낌이 어떤지도 나누고, 그러다 차차 손을 씻지 않고 성기를 만지면 생길 수 있는 문제나 배변 활동 외에 성기가 하는 일, 다른 사람이 내 몸을 만지는 것, 자기가 좋아하는 스킨십과 싫어하는 스킨십 등으로 이야기의 길을 만들어가면 아이와 나눌 이야기는 무궁무진해질 것이다.

물론 아이가 놀이 이상으로 자위에 집착하는 듯 보이면, 아이의 자위 횟수와 유지 시간 등을 살핀 후 전문가와 상담해볼 수 있다. 하지만 먼저 유아 자위라는 자연스러운 발달 단계를 이해하고, 아이 또한 '성적 존재'임을 인정하는 태도가 필요하다.

바다에 대한 동경이 멋진 배를 만들 듯

"사람들이 배를 만들게 하려면 어떻게 동기부여를 해야 할까? 그건 바로 바다에 대한 동경심을 심어주는 것이다." 어떤 책에서 이 문장을 읽으면서 생각했다. 수많은 시간 성교육을 하며 나는 성에 대한 즐거움과 행복을 얼마나 전달했을까? 성에 대한 동경을 심어주었을까? 가끔 나는 내가 두려움과 공포를 판매하며 사람들의 마음 한구석을

파먹는 존재가 아닐까 의심한다. "끔찍한 성폭력 사건이 얼마나 많이 일어나는지 아나요? 가해자는 늘 우리 주위에 있답니다. 누구나 가해자, 피해자가 될 수 있어요. 그래서 성교육이 필요한 거예요" 하면서 말이다.

배를 만들려면 바다에 대한 동경이 있어야 하듯, 성교육이 잘되려면 성을 둘러싼 행복, 즐거움, 사랑이 있어야 한다. 성교육이 중요하다는 걸 부정하는 사람은 없는데 그럼에도 성적인 행복, 즐거움, 사랑을 논하는 것에는 여전히 인색하다.

유아기에 신뢰할 수 있는 사람에게 받는 성교육은 아이가 세상과 타인, 나에 대한 태도를 만들어가는 데에 큰 영향을 미친다. 성교육 그림책을 죽 펼쳐놓고 "이건 아기가 자라는 자궁이야"라거나 "누가 만지면 '안 돼요! 싫어요!' 라고 소리쳐야 해" 같은 객관식 교육보다는 성을 마주하는 올바른 태도를 알려주는 데에 더 시간을 쏟아야 하는 이유다.

난 결심했다. 아이들을 더 자주 안아주고, 더 크게 칭찬해주고, 쓰다듬어주고, 사랑한다고 속삭여야겠다고.

'성'이란 개념은 몰라도 아이가 자신을 사랑하고, 사랑하는 사람과 함께 살을 부대끼고 안고 뽀뽀하고 사랑한다고 말하는 것이 얼마나 소중하고 즐거운 일인지 느끼도록 해주고 싶다. 잠지라고, 고추라고 편하게 부르면서 말이다.

성교육은
행복을 이야기하는 것

"엄마 설거지해야 되니까 TV 보고 있어."

나는 아이가 좋아하는 애니메이션을 켜주고 설거지를 하러 주방으로 갔다. 그렇게 쌓아놓은 설거지와 전쟁을 벌이는데 아이가 잠잠해도 너무 잠잠했다. 왜 이렇게 조용하지?

아이가 함께 놀자고 매달리는 통에 고육지책으로 TV를 켜놨지만, 평소 같으면 벌써 열두 번도 넘게 "엄마, 저건 뭐예요? 엄마, 나도 저거 사주세요. 엄마, 나도 이거 할 수 있어요. 엄마 이것 좀 보세요!" 하며 쉴 새 없이 떠들어

댔을 아이다. 아이가 조용할 때는 사고를 치고 있을 때뿐인데!

뭐 하고 있어?

고개를 돌려 아이를 보았다. 아이는 조용히 무언가에 집중하고 있었다. 살며시 다가가 보니 바지와 속옷을 벗고 다리를 세우고 앉아 잠지를 만지고 있었다. 샤워를 하거나 옷을 갈아입을 때, 또는 소변이나 대변을 눌 때 잠지를 관찰하고 만졌던 것과는 분명히 다른 의도적인 것이었다. 아이는 자위를 하고 있었다. 큰아이가 자위하는 걸 처음 본 날, 나는 기껏 "뭐 하고 있어?"라고 물었더랬다. 성교육 강사라는 직업이 무색하게도 조금은 당황했던 기억이 있다.

시기의 차이는 있지만 만 3세 무렵이면 대체로 자위를 시작한다. 아이들에겐 자위만큼 손쉬운 놀이가 없다. 휴대전화 사용처럼 허락을 받을 필요도 없고, 다른 장난감처럼 거추장스럽게 들고 다니거나 놀고 나서 정리할 필요도 없다. 언제 어디서든 내가 원하기만 하면 즐길 수 있다.

그렇다 보니 성기를 만졌을 때 좋은 느낌 때문이 아니라 심심해서 시간을 때우려고 자위를 하기도 한다.

많은 보호자가 자위는 자연스러운 행위라고 머리로는 알지만 자기 아이의 자위는 막고 싶어 한다.

실제로 보호자들의 걱정 가운데 하나가 아이가 자위를 하다가 이름이 불리거나 다른 놀이를 제안받으면 일단 멈추고 응하는 듯싶지만 이내 자위행위로 돌아간다는 것이다. 매일 밤 불을 끄고 가족이 잠자리에 들면 아이가 자위를 시작한다든가, 땀을 뻘뻘 흘리면서까지 자위를 해서 걱정이라는 소리도 자주 듣는다.

사실 이런 건 걱정거리가 아니다. 대낮에 누가 보든 상관없이 하는 것보다 자기만의 공간과 시간을 택해서 자위를 하는 것은 달리 생각하면 에티켓을 아는 것이다. 섹스할 때 땀이 나는 것처럼 아이가 자위를 하며 땀을 흘리는 것도 잘못된 건 아니다. 자위가 자연스러운 거라면 그 자연스러움을 아이가 충분히 즐기도록 놔둬야 하지 않을까? 즐겁게 하던 것을 끝맺지 못하고 중단해야 했다면 다시 하고 싶어지는 것 또한 자연스러운 흐름 아닐까?

여아의 자위를 유별나게 여기는 보호자도 꽤 많다. 보호자 성교육 시간에 자녀의 자위 주제가 나오자 여기저기서 갖가지 경험과 감정이 터져 나왔고, 마무리할 즈음엔 '이제부터 아이의 자위를 자연스럽게 받아들이기'로 대동단결하는 분위기였다. 그런데 강의가 끝나고 한 보호자가 내게 조심스럽게 물었다. "저, 선생님, 우리 아이가 사춘기 여자아이인데 매일 자위를 해요. 심리 상담을 받아야 할까요?" 나는 아직까지 "아이가 사춘기 남자아이인데 매일 자위를 하는데 상담이 필요할까요"라는 질문을 받은 적이 없다.

여자아이도 성욕구가 있으며 자위를 할 수 있다는 강사의 말에 고개를 끄덕이긴 쉽다. 하지만 그 '여자아이'가 '내 딸아이'라고 생각하면 이중적으로 변한다. 능동적인 성적 주체로 인정하기도 싫으면서, "여자애들은 다르죠. 안으면 착 감기잖아요" 같은 말을 하며 자기도 모르게 대상화한다.

남자아이들이라고 마냥 자유로울까. 적당한 때에 고급 티슈를 건네받는 동시에 '성욕 조절'에 좋다는 축구나 농구를 권유받는다. 운동량이 왕성한 성욕을 뒷받침하는 체력으로 이어질 가능성을 아예 배제하는 이런 '대책'은 어디에서 나왔을까? 격렬한 운동이 자위 횟수나 가능성을 줄이고 성욕을 조절하는 데 얼마나 효과가 있는지 난 잘 모르겠다.

오히려 아이들은 어른의 이중적인 시선을 눈치채고 자기 욕구를 감추고, 오로지 모른 척해주기만을 바라게 되지 않을까.

내 안의 선을 넘는 연습

성교육 강사인 만큼 유아 자위는 다 아는 사실이었는데, 내가 큰아이의 자위를 처음 마주했을 때 순간 당황했던 것은 아마도 나의 자위에 얽힌 감정 때문이었을 것이다.

나는 초등학교 고학년 즈음에 자위를 시작했다. 계기나 촉발 요인이 무엇이었는지는 정확히 기억이 나지 않는다. 당시에는 내가 하는 이 행동이 무엇인지, 갑자기 왜 하게 됐는지 전혀 알지 못했다. 하지만 한 가지는 분명했다.

이건 누군가에게 절대 들켜서도, 이야기해서도 안 된다는 것. 청소년이 되어서야 이 행위의 이름과 의미를 알게 됐지만 들키거나 발설해선 안 된다는 나만의 불문율은 잘 지키고 있었고, 마찬가지로 자위를 한다고 고백하는 친구도 없었다. 머리로는 누구나 자위를 할 수 있다고 되뇌면서도 '내가 까진 애인가?' 내심 두렵기도 했다.

성교육 강사로 활동하면서 공적으로는 자위에 대한 지식을 전달하고 누구나 할 수 있다고 말해왔다. '여자도 자위 하나요? 강사님도 해봤나요?'라는 질문에 그렇다고 시원하게 답한 적도 있다. 그럼에도 내 자위는 언제나 비밀이었다. 그러니 아이의 자위에 솔직하게 접근해야 한다는 의무감에 입을 뗐다가, 무슨 말을 더 해야 할지 몰라 말문이 막힌 것이다.

아이와 자위에 대해 부드럽게 대화를 이어나가려면, 나의 성과 자위를 '드러내는' 연습이 먼저라는 생각이 들었다. 동네방네 떠벌이는 '드러내기'가 아니라, 어떨 때 자위가 하고 싶은지, 성관계가 아니라 자위로 얻는 만족감은 어떤지 같은 자신과의 내밀하고 솔직한 대화 말이다. 그래야 더 책임감 있고 자신 있게 아이의 자위를 마주할 수 있을 것 같았다.

"엄마, 나 소중한 시간!"

심기일전하고 아이와 무슨 이야기를 할지, 언제 말을 꺼낼지 열심히 고민했다. 잠지를 만지면 재미있는지, 계속하고 싶어지는지 같은 '은밀한' 대화는 목욕하는 시간을 이용해보기로 했다. 그리고 에티켓이랄까, 아무리 좋아도 지켜야 할 점이 있다는 걸 알려주고 싶었다.

일단 타인에게 노출되지 않는 혼자만의 공간에서 자위를 할 것, 자위의 시간대나 횟수는 상관없지만(오히려 충분히 자신의 성을 탐색하고 즐기기 바란다) 어린이집 가기, 밥 먹기, 씻기, 잠자기 등의 일상생활은 지금의 수준을 유지할 것, 단 두 가지 기준을 정하고 이 기준을 넘어서면 심각성을 고민해보기로 했다.

한 가지 마음에 걸리는 것이 있었다. "자위는 남들이 없을 때, 안 볼 때 혼자 하는 거야"라고 규칙처럼 정해주면 그만일까. 자위는 스스로 자(自), 위로할 위(慰) 한자를 쓰는데, 타인에게 초점을 맞춰서 말해주고 싶지 않았다. 어떡한다… 아이가 주어이고, 이렇게 하면 안 된다는 단속보단 즐겁고 행복한 행위를 어떻게 하면 좋을지 권하는 문장이면 좋을 것 같았다.

그러다 기회가 왔다. 좀 엉성하지만 고민했던 뉘앙스를 해치지 않으려 애쓰며 말을 붙여보았다.

"네가 엄마나 동생이 있는 거실에서 잠지를 만지면 엄마나 동생 때문에 귀찮지는 않니? 지금도 엄마가 너한테 말 걸고 있잖아."

아이는 단박에 "난 괜찮아"라고 대답했다. 멈칫했지만 좀 더 구체적으로 제안해보았다.

"집중해서 재밌게 하려면 혼자 방에서 하는 게 좋을 것 같아."

그러던 어느 날, 큰아이가 방문을 꼭 닫고 들어가 버려 작은애가 울며불며 문을 열어달라며 떼를 쓰기에 "동생 울잖아, 방문 열고 같이 놀아!" 하고 소리를 꽥 질렀는데, 아이가 방문을 살짝 열고 고개를 빼꼼 내밀더니 "엄마, 나

소중한 시간!"이라고 하는 게 아닌가?

나야 흐뭇해 마지않았지만 '소중한 시간'이 무엇인지 알게 된 후 당황스러워하던 남편의 얼굴을 잊지 못할 것 같다.

성교육 강의에 참석한 보호자들에게 강의에 참석한 이유를 물으면 대개 '성에 대해 배우려고, 아이에게 도움이 되려고, 최소한 범죄자는 만들지 않으려고' 등의 답변이 나온다. 이 모든 이유가 아이가 행복하길 바라는 마음 위에 있을 것이다. 그렇다면 성을 이야기할 때 행복에 대해서 이야기한다고 생각하면 편할 것 같다.

멀리 갈 것 없이 나부터 시작하면 어떨까. 나의 자위는 안녕한지, 나는 오늘 행복한지 잠깐 숨을 골라보는 시간을 가질 수 있기를.

비밀을 알고 싶다면
우회하지 말 것

오랜만에 시댁에 들러 한참 시간을 보내다 나서는데 시어머니가 "저기…" 하시며 나를 슬며시 붙드셨다. "아무래도 네가 알아야 할 것 같아서 말이야" 하고 이어지는 말씀엔 걱정과 망설임이 배어 있었다. 생전 이런 적이 없던 터라 뭐 때문에 저리 망설이실까 궁금도 하여 더 씩씩하게 대답했다. "괜찮아요, 어머님. 무슨 일이세요?" 시어머니는 내게 바짝 다가서서는 속삭이셨다. 곧 내가 전혀 예상치 못한 말이 흘러나왔다. "큰아이가 사촌오빠들이랑 잠지랑 고추를 보여주고 서로 만졌다는구나."

몸놀이였다. 유아기 아이들은 서로 몸을 보여주고 만지면서 논다. 성폭력과는 성질이 전혀 다른 발달의 한 단계. 딸아이가 잘 자라고 있다는 증거라고 머리로는 깔끔하게 정리가 됐다. 그런데도 마음 한편이 울렁울렁했다. 가끔 뵙는 시어머니가 알고 계신 걸 엄마인 나는 까맣게 몰랐다니. 아이와 잘 통한다고 철석같이 믿어왔는데 왜 내겐 말하지 않았을까? 딸을 잘 모르는 엄마가 된 것 같아 시어머니 뵙기가 면구했고, 엄마에게 비밀을 만든 아이에게 배신감도 들었다.

엄마 패싱?

왜, 언제부터, 어떻게 아이와 나 사이에 비밀이 생긴 걸까. 벌써 자기의 성적 경험을 미주알고주알 털어놓기에 '엄마는 안전하지 않다'라고 결론 내린 걸까? 성에 관한 행동에 대해서는 혼낸 적 한번 없고, 단어 하나도 예민하게 선택했는데….

가만히 딸아이와 나의 관계를 되짚어봤다. 누구보다 먼

저, 무엇이든 내게 상의해주길, 비밀은 더 늦게 찾아오길 바랐는데….

'엄마'라는 사람들은 다 알 거다. 아이에게 네가 하고 싶은 건 무엇이든 할 수 있다고 말하지만, 일상에선 하지 말라는 것투성이인 것을. 셋, 둘, 하나, 카운트 다운을 하며 아이를 다그친 날도 많았다. 성 문제에 관해서만 편하면 뭐 해, 뒤를 졸졸 쫓아다니며 하지 말라고 잔소리하기 바쁜 엄마인데.

나에 비하면 시어머니는 보살이시다. 너른 마음으로 사람을 편안하게 안아주신다. 신혼 때 남편과 싸우고 화를 주체하지 못해 시어머니께 전화를 걸어 "어머님, 저 이 사람이랑 못 살겠는데요?" 하며 날을 세웠던 적이 있었다. 시어머니의 반응은 전혀 예상 밖이었다. "아이고, 야야, 우야노? 내가 가를 잘못 키웠는갑다. 내가 미안타, 내가 미안타." 민망해진 나는 얼버부리며 전화를 끊었더랬다.

아이가 왜 시어머니에게만 이야기했는지 알 것 같았다. 배신감에 서운했던 마음은 어느새 미안함과 반성으로 이어졌다. 그리고 아이에게 따듯하고 단단한 안전지대가 되어준 시어머니에게 감사했다.

딸아이가 몸놀이를 영원한 비밀에 부치지 않은 것이 얼마나 다행인지 나는 내 경험으로 알았다.

상처는 아주 쉽게 비밀이 되니까

아홉 살이던 어느 날 나는 등굣길에 한 아저씨와 마주쳤다. 그는 "안녕" 하고 인사를 건넸고 나는 "안녕하세요" 하고 답했다. 그 후로 어떤 대화를 나눴는지는 기억나지 않는다. 기억나는 것은 그가 내게 잠지를 만져보게 다리를 벌리라고 했고 나는 어떤 저항도 없이 좁은 골목길에서 두 다리를 벌리고 어정쩡하게 서 있었다는 것이다.

그땐 성교육이라는 개념 자체가 없었고, 이것이 성폭력인지 알 도리가 없었다. 그렇지만 뭔가 찜찜하고 무섭고 일반적인 상황은 아니라고 직감했다. 학교를 마치고 집에 돌아오자마자 설거지를 하고 있는 엄마의 등 뒤로 시치미를 떼고 물었다.

"엄마, 나 오늘 학교 가다가 어떤 아저씨가 어떤 애 잠지

만지는 거 봤는데, 그러면 안 되는 거제?"

엄마는 뒤를 돌아보지도 않고 "그러엄"이라고 힘주어 대답했다.

그 대답을 들은 순간부터 20대 중반이 될 때까지 나는 이날의 사건을 함구했다.

고작 아홉 살이었고, 그것이 성폭력인지도 몰랐고, 무엇보다 내가 원한 일이 아니었는데도 말하지 않았다. 내가 "그러면 안 되는 거제?"라고 물었을 때 엄마가 그렇다고 답했다는 이유만으로. 그것은 내가 정말 잘못된 상황에 빠졌다는 걸 의미했다. 그리고 솔직하게 털어놓으면 혼날 것만 같았다. 나는 말하지 않았던 것이 아니라 말하지 못했던 것이다.

'네 편이야'라는 메시지

보호자 성교육 시간에 내가 유난히 강조하는 것이 하나 있다면 바로 '태도'다. 그러면 보호자들의 질문 공세가 이어진다. 내 마음은 그렇지 않은데 무조건 긍정적으로 반응해야 하느냐, 그러다 아이가 잘못된 길로 빠지면 어떡하느냐, 내가 모르는 것을 아이가 물으면 어떻게 대처하느냐 같은 질문이 주를 이룬다.

내가 말하는 '태도'는 무조건 긍정이 아니다. 당연히 조건적 긍정도 아니다. 보호자가 자신의 의견은 감춘 채 앵무새처럼 책 내용을 읊을 필요도 없고, 모든 성 지식을 섭렵하고 있을 필요도 없다. 제일 중요한 것은 어떤 선택을 하든, 무슨 일이 생기든 '나는 네 편이다'라는 메시지를 전하는 것이다.

부모든 교사든 상담사든, 어른이라면 언제든 아이들의 손을 잡아줄 준비가 돼 있다는 걸 어른들은 잘 안다. 문제는 아이가 우리에게 손을 내밀 것인가이다. 우리의 손이 차갑다면 아이들은 어렵게 내민 손조차 거둬버릴지 모른다.

마법처럼

딸아이와 조카들의 몸놀이는 계속 발견되었다. '나는 네 편이다'라는 메시지를 전하는 태도란 얼마나 어려운지!

누구도 탓하지 않는다는 뉘앙스로 조심스레 접근했는데도 아이들은 "몰라요"라면서 내빼기 일쑤였다. 가짜 태도로는 안 된다는 걸 매번 뒤로 물러나는 아이들을 보면서 느꼈다. 이해하는 '척'이 아니라 온전히 품을 수 있는 넉넉함, 아이들이 '여긴 안전해'라고 확신할 수 있는 진심만이 답이었다.

나와 동서의 감시 아닌 감시 속에서 몸놀이는 계속됐고, 어느 날 드디어 딸아이가 입을 열었다. 아무리 살갑게 "아까 오빠랑 뭐 했어? 엄마한테 얘기해주면 안 돼? 괜찮아, 말해봐"라고 할 땐 입을 꾹 다물었던 아이가 "오빠랑 잠지랑 고추 보여주기 하니까 재밌어? 그렇게 재밌는 걸 왜 엄마만 빼고 너희끼리만 해? 엄마도 같이 놀고 싶어"라고 하니 마법처럼 반응을 한 것이다.

"엄마도 하고 싶어? 다음부터 끼워줄까? 몸을 만지면 간질간질하고 이상한데 재밌어."

내가 주위를 빙빙 돌며 헛손질할 때는 눈길도 주지 않더니, 아이들 안으로 한 발 들어가 손을 뻗자 아이는 기다렸다는 듯 손을 내밀었다.

뭔가를 했는지 안 했는지 묻는 것은 이미 추궁이었다. 괜찮으니 말해보라는 회유에는 이미 괜찮지 않다는 전제가 깔려 있었다. 아이들은 진실을 말하자니 혼날까 겁나고, 거짓말을 하자니 불편해서 아예 아무 말도 안 하기로 작정했던 게 아닐까.

비밀은 사라지고 대화의 물꼬가 트인 그 날, 나는 아이가 자신과 타인의 몸에 자꾸 관심이 간다는 것, 누군가 자기 몸을 쓰다듬어줄 때 간지럽지만 기분이 좋다는 것을 알았다. 몸놀이를 시작한 아이에겐 아이가 원하는 선에서 애정 어린 손길이 더 많이 필요하다는 걸 알았다.

그날 이후, 나는 아이를 평소보다 더 자주 안아주고, 가끔은 아기처럼 업어도 주고, 목욕할 때는 충분히 몸을 만지고 쓰다듬으며 씻겨주었다. 이런 내 노력이 만족스러워서일까. 아이의 몸놀이는 그렇게 서서히 막을 내렸다.

나를
무력하게 하는 것

"조아라 선생님 생각은 어때요?"

선배 강사의 질문에 참석자들의 시선이 모조리 내게 쏠렸다. 성교육 강사들의 스터디 자리에서 마땅한 의견이 나오지 않자 일부러 나를 콕 집어 분위기 반전을 꾀한 것인데, 반전은 무슨, 입술만 달싹이다 아무 말도 못 한 나 때문에 분위기는 되레 싸해졌다. 성 관련 주제들은 흥미로우면서 또 복잡한데 음란물 문제가 특히 그렇다. 그런데 하필 오늘 주제가 '음란물 대처 교육'이었던 것이다.

음란물 예방 및 대처 교육에서 음란물은 '나쁜' 어른들이 돈을 벌기 위해 만든 '가짜 성'이라고 설명한다. 성에 대한 잘못된 정보를 담고 있기 때문에 보면 안 된다고 강조한다. 그럼 실제 성행위는 '진짜 성'이니 음란물이 아닐까? 유튜브엔 생생한 섹스 경험담, 심지어 성매매 경험담이 쏟아진다. 이런 영상 아래엔 '이것이 진정한 성교육'이라는 댓글이 수십, 수백 개 달린다.

'가짜'라고 하면 소위 '19금 영화'도 가짜다. 배우에게 허락을 구하지 않은 돌발적인 신체 접촉으로 뒤늦게 문제가 제기된 영화도 있었다. '나쁜 어른, 돈, 가짜'의 모든 조합이 여기에도 적용된다. 이것은 '음란물'인가?

이 문제에서 내가 확신할 수 있는 건 단 하나, 음란물을 '가짜 성, 오직 돈을 벌기 위한 제작물, 야한 것'으로 설명하는 음란물 예방 및 대처 교육은 충분치 않다는 것이다.

보는 사람

2차 성징이 시작되면 성적 호기심이 증가하고 '야동'에 관심 가는 것은 자연스러우니 호들갑스럽게 말리지 않아도 된다고 생각하는 데엔, '야한 건 문제 될 게 없다'는 판단이 깔려 있는 것 같다. 나도 '야한 건 문제없다'고 생각한다. 음란물 문제의 핵심은 '누구'의 시선으로, '어떤 방식'으로 생산되고 소비되느냐이다.

연기든 현실이든 서로의 동의하에 만들어졌는지, 공공연하게 전시되고 유포되는 것 또한 모두 동의했는지도 핵심이다. 처음부터 끝까지, 세세한 모든 단계마다, 단 한 번이라도 동의되지 않은 부분이 있다면 더 이상 '야동'이 아니다. 그것은 '디지털 성폭력'이다.

그럼에도 직접 찍은 것도 아니고 돌아다니는 영상을 보는 건 성폭력이 아니며, 성욕 해소 차원에서 영상물 정도는 볼 권리가 있다고 주장하는 사람이 많다. 심지어 디지털 성폭력 피해물이라는 걸 인지하고도 '내가 그 영상을 봤다고 피해자를 알아보는 것도 아닌데' 신고하는 피해자가 예민하다며 적반하장인 경우도 있다. 오히려 신고를 해서 더 유명해지고 피해가 더 커진다면서 피해자에게 '가만 있으라'고 한다. 하지만 디지털 성폭력의 피해는 '보는 사람'이 존재하기 때문에 사라지지 않는 범죄다.

보통의 삶을 망가뜨리는 눈

최근 한 강의에서 '길거리, 화장실, 샤워실, 펜션' 등의 단어를 늘어놓고 무엇이 떠오르는지 질문했는데, 참석자들은 망설임 없이 대답을 쏟아냈다. 주목할 만한 것은 답변이 두 가지로 수렴됐다는 것이다. 가장 먼저, 그리고 가장 많이 언급된 두 단어는 바로 "불법촬영(몰카)"과 "여자"였다.

길거리, 화장실, 샤워실, 펜션은 일상생활을 영유하는 지극히 보통의 공간이다. 특별히 성적인 의미가 있거나 성적 행동을 위한 공간이 아니며, 여성만의 공간도 아니다. 그런데도 대부분의 사람이 불법촬영과 여성을 떠올렸단 사실에 나는 적잖이 놀랐다. 불법촬영 문제가 상당히 공론화됐다는 생각에, 이렇게 사회문제로 대두되었는데도 결코 줄어들지 않는단 생각에 머릿속이 복잡해졌다. 여성들의 평범한 삶이 오로지 성적으로 소비되고 당사자 몰래 찍혀 유튜브, 모바일 메신저, SNS에 유포되고 있다는 뉴스를 들을 때마다 성교육 강사로서 무력감에 짓눌린다.

우리, 준비됐나요

소위 '야동'을 접해본 아이들에게 어떤 기분이 들었냐고 물어보면 무섭다, 더럽다는 반응이 상당하다. 단순히 노골적인 성행위를 어린 나이에 접해서만은 아니리라 생각한다. 성이 도구로 이용되고 누군가의 특정 행위와 특정 부위만 '보이기' 때문이다. 관계나 로맨스는 애초에 삭제되고 없다. 뉴스를 클릭해서 들어갔을 뿐인데 팝업 창으로 뜨는 수많은 광고 이미지에서도 이런 코드는 어렵지 않게 찾을 수 있다.

'디지털 성폭력 영상' 이야기를 꺼낼 기회가 있을 때 내가 아이들에게 꼭 당부하는 것이 하나 있다. 의도적이든 비의도적이든 이런 영상을 봤다면 꼭 신뢰하는 사람과 그에 대한 이야기를 나누라고. 불편함의 찌꺼기를 쌓아두지 말고 터놓으면 왜 불편했는지 알게 되고 다음에 어떻게 행동할지 결정할 수 있을 거라고 조언한다. 물론 여기엔 아이들의 말을 경청해줄 신뢰할 만한 사람이 전제돼 있다. 과연 우리는 아이들과 디지털 성범죄에 대해 이야기할 준비가 얼마나 되어 있을까. 성교육 현장에서도 더 치

열하고 촘촘한 논의가 필요하다. 성교육 멘토의 자리를
'성범죄 영상'에 넘겨주지 않겠다는 의지가 절실하다.

'같은 여자'지만,
'같은 엄마'는 아닌

대학생 때였을 것이다. 친구들과 신나게 수다를 떨다 보니 어느새 밤 11시가 넘어가고 있었다. 서둘러 자리를 정리하고 친구 둘과 택시에 오른 나는 한껏 순한 말투로 자분자분 말했다.

"기사님, 저희 ○○동으로 갈 건데 괜찮으실까요?"

괜찮다는 택시기사의 대답에 나와 친구 한 명은 연신 고개를 숙이며 "감사합니다"하고 인사했다. 목적지에 도착해 택시에서 내리면서 나와 친구는 누가 먼저랄 것도 없이 "늦은 시간에 너무 감사해요. 감사합니다" 하고 또 다시 인사를 연발했다. 다른 친구 하나가 "너희 원래 이렇게 친절한 애들이었어? 뭘 그렇게까지 인사를 해?" 하고 물었다. 그때 우린 이렇게 대답했었다.

"혹시나 살려줄까 봐."

남자는 들어본 적 없을 인사

친한 친구마저 의아하게 느낀 이 예의 바름은 사전에 모의한 것도 아니고, 어떤 교육의 결과도 아니었다. 당연히 택시에 한정된 자세도 아니다. '만에 하나 상대방이 해코지하려는 마음을 먹었더라도 착하게 굴면 살려주겠지'라는 여성에게 특화된 불안의 발현이었을 뿐이다.

다른 사람들은 어떨까 궁금해서 성인 대상 강의에서 친구와 만나고 헤어질 때 어떻게 인사하는지 물은 적이 있다. 보통 "잘 가", "다음에 또 봐", "안녕", "조심해서 가" 등의 대답이 나온다. 흥미로운 점은 "조심해서 가"는 인사를 받는 쪽이 여성일 때 건네는 인사라는 것이었다.

남성은 거의 모르는 어떤 공포를 여성은 일상적으로 느

끼며 살아간다. 혼자 사는 여성에게 현관에 남자 신발 한 켤레 놔두라고 조언한다든가, 친구가 타고 간 택시 번호를 외워두거나 저장해두는 그런 공포는 눈치채지 못할 만큼 아주 익숙한 생활 그 자체다.

이런 얘기가 오가면 그럴 수 있겠다며 공감하는 남성이 한편에 있고, 다른 한편엔 "남자로 태어난 게 죄냐"고 불쾌해하는 남성이 있다. 강의의 흐름을 방해할 정도로 화를 내며 항의하는 남성 참석자에겐 "남자에게 최악은 강간범으로 의심받는 불쾌감이지만, 여성에게 최악은 실제로 강간을 당하는 것"이라고 쏘아붙이고 싶은 마음이 굴뚝 같다. 하지만 머리를 식히고 나면 아주 모를 마음은 아니다. 지금까지 그리고 앞으로도 겪지 않을 감정을 이해하고 공감하기란 얼마나 어려운가!

속바지를 입어야 하나요?

딸아이 어린이집 등원 준비로 분주한 아침이었다. 찌는 듯 더운 여름이었고 아이 옷 하나를 입히는 데도 땀이 송

골송골 맺혔다. 아이가 치마를 입으며 물었다. "엄마, 안에 바지 안 입어요?"

갑자기 속바지를 찾는 이유가 궁금했지만 시간에 쫓겨 "응, 치마 입었으니 바지까지 안 입어도 돼" 하곤 서둘러 집을 나섰다.

하루는 어린이집 갈 시간이 다 됐는데도 방에서 나오지 않기에 문을 열어보니, 옷 바구니에 몸을 잔뜩 기울이고서 옷가지를 마구 헤집고 있었다. 내가 재촉하자 아이가 곤란하다는 듯 대꾸했다. "엄마, 나 바지 좀 입고요. 친구들이 바지도 안 입었다고 놀리면 어떡해요?"

그제야 나는 치마 안에 바지를 안 입고 간 날 친구들이 놀렸는지, 선생님께 혼이 났는지, 부끄러웠는지 등을 물었다. 아이의 이야기를 들어보니, 친구들은 놀리지 않았고 부끄럽지도 않았지만 선생님이 바지를 입지 않아서 친구들이 놀릴 수 있다고 주의를 준 모양이었다. "다른 친구의 속옷이 보여도 놀리면 안 돼"가 아니라 "다른 친구가 내 속옷을 보게 되면 부끄러울 테니 속바지를 입어라" 하는 교육이 여전히 이루어진다는 데 기함했다. 그러나 아이는 그날 처음으로 치마 안에 속바지를 입고 등원했다. 아무도 놀린 적 없지만 선생님 말처럼 혹시나 누가 놀리면 부끄러울 테니 속바지를 꼭 입어야겠다는 딸을 말릴 수 없었다. 이 삼복더위에 속바지라니!

며칠 뒤, 지인과 통화를 하는데 수화기 너머로 "너 치마 입을 때 속바지 입니?"라는 질문이 날아왔다. 치마를 입고 출근한 날, 어쩌다 속옷이 보였는지 직장 동료가 "왜 속바지 안 입으셨어요?" 하더란다. 나이 마흔에 남한테 옷차림 지적을 받은 것이 심히 불쾌했지만 동료의 말투가 정말 자신을 위하는 듯해서 차마 상관 말라고 쏘아붙일 수 없었다고. 어쨌든 위해서 하는 말인데 못마땅하단 듯 반응하면 무안해할까 봐 넘어갔지만, 마음이 썩 가볍지는 않았단다. 그래서 속바지를 안 입어도 괜찮다는 확인을 받고 싶어서 성교육 강사인 내게 전화를 했다는 것이다.

나는 딸아이의 일이 생각나 동지를 만난 듯 신이 나서 마구 맞장구를 쳤다. 이미 성기를 보호하기 위해, 그리고 남에게 보여주지 않기 위해 팬티를 입었는데, 이번에는 그

팬티마저 보이지 않기 위해 속바지를 입으라니 이상하지 않느냐며 속풀이를 했다. 그러다 우리 딸아이도 얼마 전 비슷한 일을 겪었다고 말을 이었다.

"아니 아직 어린데 치마 안에 속바지를 안 입힌다고?" 내 말을 들은 지인은 깜짝 놀랐다는 반응을 보였다. 그리고 다음 말을 들으면서는 내가 더 놀랐다.

"나는 아들밖에 없어서 그런지 모르겠지만… 여자애들 속옷이 보이면 남자애들은 하던 걸 멈추고 자꾸 그쪽만 쳐다봐. 여자애가 속옷을 안 보이면 아무 일도 없을걸, 왜 아들의 집중을 방해하는지 모르겠어."

순간 머릿속이 멍해졌다. 방금 전까지 "왜 다들 남의 일에 그렇게 관심이 많냐"고 공분했던 사람이 이 사람이 맞나 헷갈릴 지경이었다.

성인 여성으로서 속바지 지적을 받은 건 불쾌하면서, 아들 가진 엄마로서는 속바지를 안 입은 여자아이를 지적한다. '같은 여자'이지만 '같은 엄마'는 아닌 건가? 뭐라고 설명해야 이 간극을 소화할 수 있을까.

성별은 '나'를 설명해주지 않는다

'같은 여자'라고 똑같은 감정의 주파수를 가진 건 아니다. 어쩌면 '여자'라는 말 앞에 '같은'이란 수식을 붙이는 것이 애당초 잘못이다. 사람을 성별이라는 생물학적 기준으로만 분류하고 편을 갈라 이해하니 못 하니 다투는 건 소모적일 수밖에 없다.

실은 나도 예전엔 남성과 여성이 서로 다르다는 전제 아래 성 심리를 주제로 강의를 했다. 다른 성끼리 이해할 수만 있다면, 세상이 좀 더 나아질 것 같았으니까. 아직 이런 바람을 품은 사람이 많은 건지, 『화성에서 온 남자, 금성에서 온 여자』는 지금도 인기란다.

요즘 자주 들리는 '젠더 감수성'이라는 용어는 화성 남자, 금성 여자와는 차원이 다른 것이다. 애당초 '생물학적 상태'엔 관심을 두지 않는다. 우린 성별 하나로만 설명될 수 없다. 성 정체성, 성적 지향과 취향, 자의 반 타의 반으로 결정된 어떤 역할, 그 역할을 완전히 떨쳐버릴 수만은 없게 하는 사회제도와 문화 등 이 모든 것의 교차점에 우리가

서 있다. '젠더 감수성'은 바로 이 교차점을 보는 것, 그래서 단 하나의 기준으로 사람을 구분하고 차별하지 않는 것, 최종적으론 '그 누구도 배제되지 않는 것'을 가능케 하는 태도이다.

결혼을 했고 아이는 없는 한 친구가 최근 들은 가장 젠더 감수성이 높았던 말은 "파트너가 있습니까?"였다고 한다. 산부인과를 찾았을 때 의사가 그렇게 물었다고 했다. 결혼 유무와 성적 지향을 고루 고려한 태도였다. 친구는 이 의사를 우연히 만난 게 아니었다. 수소문 끝에 선택한 병원이라고 했다. 나를 존중해줄 사람을 부지런히 찾고, 다른 삶의 매뉴얼을 만들어갈 생각을 게을리 한 내가 조금 부끄러워졌다.

그렇다면 앞으로 나는 뭘 해야 할까? 더 많은 강의와 상담?

그보단 생활에서 불편함이 느껴지는 행동이나 말을 찾고 줄이는 것이 먼저일 것 같았다. 속바지가 떠올랐다. 치마를 입는 사람은 나인데, 속바지를 입어야 하는 이유는 내가 아니라 타인에게 있었다. 내 몸에 대한 권리나 자유

같은 거창한 이유를 대지 않더라도, 속바지는 그냥 덥고 답답하고 신경질 난다. 그게 전부다. 그래서 나는 영원히 속바지를 입지 않기로 했다. 속바지를 안 입는 나와 딸아이를 힐난하는 사람도 있을지 모르겠다. 대거리를 못 하면 속으로라도 당당하게 '속바지를 입든 입지 않든 나는 그대로 나'라고 말해보려 한다. 내가 나를 배제하지 않도록 말이다.

도전하면
잃는 것들

아이가 미동도 없이 몇 시간째 애니메이션을 본다. 뭐가 그렇게 재미있을까 싶어 나도 덩달아 자리를 잡고 보기 시작했는데, 나도 모르게 빠져들었다. 도장 깨기 하듯 20분짜리 에피소드 몇 편을 연달아 보다가 맘에 쏙 드는 에피소드를 하나 발견했다.

주인공은 여지없이 공주와 왕자 들이었다. 왕자들은 말을 타고 장애물 넘기 코스 경기에 참가하고, 공주들은 이를 관람하며 응원하는 '과제'를 받는데, 한 공주가 본인도 말을 타겠다며 나선다. 승마 교사는 "공주여서 안 된다"

라며 훈련에 끼워주지 않고, 다른 공주들은 "왜 힘들게 말을 타려고 하느냐"며 눈총을 준다. "우리가 할 일은 예쁘게 차려입고 앉아서 응원하는 것"이란 충고도 빼놓지 않는다. 그러나 주인공은 포기하지 않는다. 이때 주인공을 진심으로 응원하는 한 왕자가 나타나고, 둘은 의기투합하여 맹훈련에 돌입한다. 공주가 훈련하는 모습에 다른 왕자들은 공주를 견제한다. 경기 중엔 본때를 보여주겠다며 반칙도 서슴지 않는다. 하지만 공주는 갖은 방해 공작에도 완주에 성공한다. 이를 본 사람들은 공주를 인정하고, 다른 공주들도 "우리도 말을 탈 수 있어!"라고 외치며 에피소드는 끝이 난다.

기꺼이 도전하라고 말할 수 없었다

난 감동하고야 말았다. 여자 주인공의 성장을 흥미진진하고 세심하게 그리려고 노력한 제작진에 감사하며 아이를 바라보았다. "나도 말 탈래요!"라는 열정적인 반응을 기대했건만, 아이의 얼굴은 어두웠다. 그리고 아이가 한 말이 나를 적잖이 당황시켰다.

"엄마, 나는 저 공주처럼 절대 말을 타지 않을 거예요!"

주인공은 공주가 지켜야 할 규칙을 어겨서 선생님에게 혼이 났고, 친구들에게도 미움을 샀으며, 결정적으로 자기에겐 '도와줄 왕자'가 없다는 지극히 현실적인 이유였다. 요약하면 자기는 그렇게 힘들게 살고 싶지 않다는 것이었다.

성 평등을 주제로 하는 동화나 애니메이션의 줄거리는 대개 비슷하다. 주인공은 자신의 생물학적 성에 허락되지 않은 직업이나 행동, 취미, 옷차림, 역할에 도전하고, 갖은 고난과 역경을 겪고서야 자신이 원하는 바를 성취한다. 결론은 한결같다. 여자든 남자든 자기가 원하는 걸 할 수 있다는 것.

이런 이야기 전개에 이미 여성성과 남성성에 대한 고정관념이 깔려 있다는 아이러니는 잠시 접어두자. 무엇을 깨야 하고, 깰 수 있는지 보여주려는 장치일 테니까. 하지만 성 고정관념을 깨고 무언가를 손에 넣기 위해 지나야 하는 차갑고 외로운 길은 아이에게 어떻게 다가갈까. 애니메

이선 속에서 성 역할을 거부하는 여성은 남성에, 남성은 여성에 버금가거나 그를 압도하는 성취가 있어야 비로소 인정받는다. 유독 같은 성별의 친구들에게 지지받지 못하는 장면도 너무 많다. 견고한 성 고정관념을 깨부수려면 친밀한 관계의 사람들에게 제일 먼저 비난받고 홀로 분투해야 한다는 이야기들에 아이는 조금 질린 것 같았다.

일곱 살이 되면 태권도 학원에 보내달라며 조르더니만 이젠 발레 학원에 가겠다며 성화인 아이 모습이 겹치면서 마음이 신산해졌다.

고정된 문제의식

한쪽에서는 고정관념에 도전하는 캐릭터들이 외로운 싸움을 이어가는 동안, 다른 한쪽에서는 현실과 괴리감 없는 평면적인 캐릭터들이 아이들을 사로잡는다.

초등학교 고학년 친구들과 「뽀롱뽀롱 뽀로로」를 보고 성 평등의 관점에서 불편했던 점을 적어보고 발표해보는 시간이었다.

아이들은 제일 먼저 남자 캐릭터 수가 절대적으로 많다고 지적했다. 총 11명의 캐릭터 가운데 여성 캐릭터는 루피와 패티 둘, 성별이 모호한 캐릭터 해리 하나를 제외하면 여덟 캐릭터가 남자였다. 나는 곧바로 아이들과 함께 교실의 성비를 확인했다. 한쪽 성이 한두 명 많았지만 「뽀로로」에서처럼 확연하지 않았다.

그다음은 색깔이었다. 여자 캐릭터들은 분홍색이나 보라색 옷을, 남자 캐릭터는 파란색 옷을 입었다고 했다.

"정말 그럴까?" 나는 아이들의 기억을 환기했다.

'여자는 분홍, 남자는 파랑'이라는 공식에 문제를 제기하는 수업은 들어본 모양인데, 그래서 '여자가 분홍이고 남자가 파랑이면 문제다'라는 또 하나의 공식이 생겨버린 것이다. 영상을 다시 보면서 살펴봤다. 문제는 조금 다른 포인트에 있었다.

여자 캐릭터는 머리 장식부터 신발까지 보라색과 분홍색으로 '통일된' 반면, 남자 캐릭터들은 빨간색 스카프, 초록색 윗도리, 겨자색 바지, 흰색과 파란색 옷, 빨간색 장갑 등 파란색 말고도 '훨씬 다양한' 색깔로 표현돼 있었다.

곧바로 교실에 앉아 함께 토론하던 친구들이 입은 옷을 관찰하도록 했다. 여자 친구들은 주로 검정, 회색, 흰색 등 무채색을, 남자 친구들은 노란색 셔츠, 검정 점퍼, 분홍색 주머니 장식이 달린 옷 등 갖은 색상의 옷을 입고 있었다. 문제의 포인트는 바로 '여자아이들이 선택할 수 있는 색깔의 폭이 남자아이들에 비해 현저히 떨어진다'는 데 있었던 것이다.

마지막으로 아이들은 '요리하는' 루피와 '기계를 고치는' 에디를 꼬집었다. 성역할 고정관념을 찾아낸 것이다.

나는 성역할을 조금 비틀어 질문해봤다. "여러분, 이 에피소드에서 다른 친구를 돕는 캐릭터는 누구죠?"

에디, 통통이, 로디가 꼽혔다.

놓친 캐릭터가 있었기에 다시 물었다. "정말요? 더 없나요?"

웅성대던 아이들은 곧 확신에 찬 목소리로 "네" 하고 대답했다.

그러나 이 에피소드의 첫 장면에 크롱을 위해 책을 읽어주고 과자를 굽는 루피가 나온다. 무려 원 숏으로! 여자 캐릭터인 루피가 요리하는 건 고정된 성역할의 재현이라는 걸 잘 집어내고도, 책을 읽어주고 과자를 구워주는 교육과 돌봄의 노동이 누군가에게 '도움이 되는' 행동이라는 건 알아채지 못한 것이다. 성별에 따라 부여된 역할에 너무나 다른 가치가 부여되는 현실을 아이들의 눈으로 다시 한번 확인하는 순간이었다.

내 일이 '여성'의 일이 될 때

육아와 돌봄은 평가 절하되고, 여성의 일은 늘 '부업'처럼 여겨지는 현실에 눌리는 나날을 나도 보내고 있다.

집단상담을 진행한 어느 날, 한 참여자가 "선생님 직업은 참 좋은 것 같아요. 이렇게 와서 몇 시간 수다 떨다가 집에 가면 되고"라고 말했다. 다른 참여자들도 고개를 끄덕이며 은근히 부럽다는 시선을 보냈다.

"몇 시간 수다 떨다 집에 간다"는 말에 잘 녹아 있듯 난 프리랜서다. 아이 낳기 2주 전까지 일했고, 출산 후 100일이 지나자마자 일을 받았다. 법정 육아휴직 대상이 아니니 쉬면 쉬는 대로 소득이 없어 어쩔 수 없었다. 아이들이 크면서는 어린이집 일정에 맞춰 일을 잡아야 했다. 아이가 아프기라도 하면 1주일이고 2주일이고 집에 붙어 있어야 해서 정규직 강사나 상담사는 어려웠다. 하지만 남편은 자기 일을 하면서 한 번도 아이들의 하원 시간이나 방학 따위를 고려하지 않는다.

난 육아 때문에 삶의 선택지가 좁아져 프리랜서로 활동할 뿐, 프리랜서로 살려고 성교육을 하는 게 아니다. '남편이 돈 벌어다 주니 얼마 안 되는 적은 시급에 만족하며 하루에 몇 시간 잠깐 일하는 편한 여자'의 삶을 원해서 사는 건 아닌 것이다.

나와 우리 아이가, 그리고 모든 사람이, 어떤 도전도 없이, 자신을 극복하지 않고도, 주위의 비난을 감수할 필요도 없이 좋아하는 걸 선택할 수 있는 자유를 누리길 바란다. '성 평등'이란 단어를 뒤로하고 아예 생각지 않아도 될 날을 위해 나는 오늘도 성교육에 간다.

언어에도
감수성이 필요합니다

"엄마, 나 이름 좀 바꿔주면 안 돼?"

열세 살의 나는 엄마를 붙잡고 거의 애원하다시피 울먹였다. "아라야, 네 이름이 얼마나 예쁜데? 부르기도 쉽고 기억하기도 쉽고, 이 좋은 이름을 왜 자꾸 바꿔달래?" 이름으로 불평하면 엄마는 내 이름이 얼마나 예쁜지 구구절절 설명하며 나를 달랬다. 이름을 바꾸고 싶은 이유를 묻는 말에 나는 "그냥"이라며 얼버무렸다. 나는 내 이름이 싫었다. 이 이름 때문에 내가 타인에게 어떻게 불리는지, 이름이 부여한 내 존재감이 어떤 형태인지, 이름이 불릴 때마다 얼마나 내 자신이 혐오스럽게 느껴지는지 차마 말할 수 없었다. 엄마가 입을 내상을 가늠할 수 없어 무서웠고, 무엇보다 내 입으로 '그것'을 내뱉기조차 싫었다.

학교에서 내 별명은 발음이 비슷하단 이유로 '조빠라'(좆빨아)였다. 언젠가부터 집 밖에선 그렇게 불렸다.

어린 나이에도 그게 무슨 뜻인지는 알았다. 그러나 친구들에게 '그건 정말 나쁜 말이니까 그렇게 부르지 말라'고 응수하진 못했다. 무슨 뜻인지 아는 걸 들키고 싶지 않았다. 내가 느끼는 혐오감과 똑같은 혐오감을 친구들이 내게 느낄까 봐 겁이 났다. 가끔 항변하기도 했지만 일일이 쫓아다니며 말리는 건 불가능했다. 순식간에 내 이름은 '조빠라'가 되어 있었다.

성인이 되고도 그랬다. 아르바이트를 하고 있는데, 손님으로 온 한 남자가 가슴께에 붙은 내 명찰을 보곤 "이름이 예쁘시네요"라면서 "박 씨면 더 좋았겠어요, 박아라!" 하고 낄낄거리며 성희롱을 했다. 지금도 나는 "이름이 예쁘시네요"라는 말을 들으면 가슴 한구석이 쿵쿵거린다.

사람을 주저앉히는 말

고작 세 글자였는데 언어라는 것은 참으로 힘이 세다.

그 단어 하나가 열세 살의 나를 '한 인간으로서 온전한 나'가 아닌 그저 '성적 대상물'로 만들었고, 그 두려움과 불쾌감이 지금까지 이어져오고 있으니 말이다. 지금 이 순간에도 누군가는 어떤 단어들에 갇혀 나와 같은 경험을 하고 있을 것이다.

강의를 준비하며 타인을 비하하고 혐오하는 말을 주욱 떠올려보았다. 된장녀, 김치녀, 맘충, 급식충, 틀딱, 애자… 한 가지 특징이 잡혔다. 혐오의 말은 전부 '여성, 미성년자, 노인, 장애인' 등 사회적 소수자를 향하고 있었다. 매일같이 정치인을 욕하고 극악무도한 범죄자를 욕하지만, 정치충이나 범죄충이라곤 안 한다. 물리적 힘이건 재력이건, 권력을 가진 자들은 혐오로 명명되지 않는다. 혐오의 대상은 언제나 약자다.

학교라고 다를까. 사람을 때리고 욕하고 누구도 존중하지 않는 '일진'은 세상 나쁜 짓을 다 해도 '일' 자를 단다.

하지만 그저 가슴이 나오기 시작했을 뿐인 여자아이들은 '찌찌'나 '덜렁이'라는 별명에 시달리며 체육 시간에도 팔로 가슴을 누르며 달리기 일쑤였다. 최고 속력으로 달릴 수 있는 가능성을 포기한 채.

지금의 나도 '맘충'이 될까 봐 아이와 외출할 때 신경이 곤두서고 아이의 사소한 장난에도 도끼눈을 뜨게 된다. 말이 결국엔 행동을 '통제'하게 만드는 것이다.

관계를 망치는 말

'섹스'를 가리키는 표현은 어떨까. 사랑을 나누다, 몸의 대화, 그거, 붕가붕가, 어른들의 레슬링, 따먹다, 대다(예: 한번 대줘), 빠구리 등이 떠올랐다. '사랑을 나누다'나 '몸의 대화'는 섹스가 함께 교감하고 나누는 행위란 뉘앙스가 담겨 있다. '붕가붕가'는 동물의 교미를 지칭할 때 쓰는 말이긴 하나 섹스하는 모양새를 빗댄 속어 정도로 봐줄만 하고, '레슬링'도 그렇다. 적어도 누군가와 함께 하는 행위라고는 인정한다.

'대다', '따먹다'는 지극히 일방적인 표현이다. 누군가가 '따먹으려면' 누군가는 '따먹혀야' 가능한 표현이다. 그리고 '따먹힌' 쪽은 너무나도 쉽게 '걸레'라고 불린다. 그렇다면 '빠구리'는 무슨 뜻일까. 어원을 짐작할 수 없어 검색해 보니 '덥석'이란 뜻의 일본어가 나왔다. 상대방을 오직 성적 대상으로, 또는 '성기'로만 대하고, 마음만 먹으면 제압할 수 있는 '약자'를 전제한 표현이다. 섹스에 강자-약자라는 권력관계가 생겨버린다. "나 조만간 ○○이 따먹으려고"라고 말하는 사람이 섹스를 존중과 사랑을 바탕으로 하는 관계라고 생각할 리 만무하다.

예민함을 가르칩니다

아이들의 비속어 사용을 제재하는 어른이 거의 사라지고 있다는 걸 체감한다. '씨발'이나 '좆나' 같은 욕이 성희롱이란 생각은 아무도 하지 않는 것 같다. 거북하고 불편한 내가 너무 예민한 건가 반문하게 될 정도다.

열세 살의 내가 "조빠라"라고 불릴 때, 친구들을 뜯어

말리고 혼내준 어른은 없었다. 사정을 몰랐을 수도 있겠지만, 어떻게 개입할지 몰라서, 잠깐 저러다 말겠지 싶어서, 뜻도 모르고 장난치는 것이라 여겨서 무수히 지나쳤을 것이다. 그 덕분에 나는 하루에도 수십 번 성희롱을 당해야 했다. 그것은 너무나 쉽게 용인되었고 마치 원래 그랬던 양 당연시되었다.

아이들이 다양한 음높이의 '씨발'과 '좆나'로만 자기감정과 생각, 태도를 표현할 수밖에 없는 성인으로 자라도록 내버려둘 수는 없다. 성적 욕설과 비속어가 얼마나 폭력적인지 알려줘야 한다. 아주 예민하게 타인의 감정을 살피도록 연습시켜야 한다. 성교육 현장에서 그토록 부르짖는 '성적 의사소통 교육'을 여기서부터 시작하면 어떨까.

피해자가 안 되는
비법이 있을 리가!

요즘 대한민국에서 '아이 성적 올리기 특강'만큼이나 인기 있는 것이 '부모 성교육'이다. 학교와 공공 기관은 성폭력예방교육이 의무이기도 하다. 덕분에 나도 늘어나는 상담과 강연으로 바쁜 나날을 보내고 있다.

강의에 참석한 보호자들은 성폭력은 절대 일어나서는 안 되는 일이라고 입을 모은다. 그러면 나는 일부러 "왜 절대 성폭력을 당하면 안 될까요?" 하는 삐딱한 질문을 던져본다. 그러면 "피해자가 되면 불행해지니까", "더는 사회생활을 못 할 것 같아서", "낙인이 찍히니까"라는 대답이

산발적으로 나온다. 우리 머릿속에서 성폭력 피해자의 일상은 이토록 어둠에 갇혀 있다.

일상을 사는 용기가 무너져 내린 날

몇 년 전 만난 아이의 일이다.

중학생 A는 학교가 파하고 집에 도착해서야 열쇠가 수중에 없다는 걸 깨달았다. 부모님이 오시려면 두어 시간이 남았기에 A는 어려서부터 '삼촌'이라 부른 옆집 아저씨 집에서 부모님을 기다리기로 했다. 그날 A는 그 이웃 남자에게 성폭력을 당했다. 의외로 조사 과정은 순조로웠다. 가해자가 자백했고, 취업제한제도(아동·청소년을 대상으로 성폭력 가해 행위를 한 경우, 아동·청소년 시설에 근무하는 것을 제한하는 제도)에 근거한 처벌을 받았다.

힘든 일을 겪었지만, 아이는 참 예뻤다. 지각 한 번 하지 않고 꼬박꼬박 상담소에 와서 심리상담을 받았고 학교생활도 무리없이 잘 해냈다. 하루는 짝사랑하던 남자아이와 연애를 시작했다며 자랑을 늘어놓기도 했다. 이렇게 사건에 대한 상처가 치유되는가 싶었다.

　그런데 어느 날부턴가 A의 얼굴에 그늘이 드리워지더니, 상담 시간 내내 눈물을 쏟기 시작했다. 아이의 눈물과 두려움의 대상은 다름 아닌 부모였다.

　성폭력 피해자에 대한 통념은 생각보다 견고하다. 늦은 시간에 돌아다녀서, 술에 취했기 때문에, 노출이 심한 옷을 입고 있어서, 남자 혼자 있는 집에 갔기 때문에 피해자에게도 책임이 있다는 인식이 대표적이다. 또한 어떤 결점도 없는 '순백의 피해자'만이 '진짜' 피해자라는 생각도 만연해 있다. 한편, 남성을 잠재적 가해자로 보는 시선은 대단히 불쾌해하면서 '남자는 여자보다 성욕이 강해서, 충동을 제어할 수 없어서'라며 이중적인 태도를 취하는 것 역시 뿌리 깊은 통념이다.

　그 가운데 우리가 종종 놓치는 무의식이 하나 있다. 사람들은 피해자를 납작하게 재단해서 보고 싶은 것만 보려고 한다. 우울, 불안, 자살 시도, 남성에 대한 두려움과 기피, 대인관계의 어려움 등을 찾으려 든다. 그래서 학업을 계속하고, 회사를 그만두지 않고, 향정신성 약물 없이 건강히 지내며, 심지어 남자와 연애까지 하면 이상하게 본다. 어떻게 그렇게 멀쩡하게 살 수 있으냐고 의아해한다.

A의 부모가 그랬다. 딸이 울고불고 힘들어하면서 집을 한발짝도 벗어나지 않고 남자라면 벌벌 떨 줄 알았는데, 학교도 잘 다니고 남자 친구까지 사귀니 '얘가 거짓말을 한 건 아닐까?' 의심하기 시작했고, A가 남자 친구에게 선물을 받아온 날, 돌이킬 수 없는 말을 내뱉고야 말았다. "너 걸레니?"

아이는 아무렇지 않았던 게 아니라 용기를 내고 있었다. 힘을 내서 일상을 지켜내고 있었다. 그런데 이 한마디로 A는 '피해자'의 모습으로 변했다. 아이는 두려움에 떨었고, 눈물을 흘렸다. 아이의 생활을 망가뜨린 것은 성폭력 사건이었을까, 아니면 아이를 '걸레'로 대한 부모였을까?

더 늦지 않아야 할 텐데

성폭력 사건 상담을 맡아서 간 상담실엔 한 무리의 남학생이 있었다. 가해자가 여럿인 사건.

아이들은 일제히 "선생님, 우리가 잘한 건 아니지만, 솔직히 억울해요"라고 외쳤다.

사건은 이랬다. 아래 학년에 마음에 드는 여자아이가 있어 번호를 알아내서는 방과 후에 만나자고 문자를 보냈더니 그 아이가 정말 약속 장소로 나왔단다. 인사를 하고 몇 마디 대화를 나누다 호기심에 성관계를 제안했는데 말없이 가만히 있었다는 것이다. 그 아이를 강제로 끌고 가거나 협박하지 않았고, 심지어 의사를 물었는데도 싫다고 하지 않아 동의했다고 생각했다며, 자신들을 성폭력범으로 몰아가서 속상하다고 울분을 토했다.

성폭력은 '다양한 형태의 힘의 차이를 이용해 상대의 동의 없이 성적인 말이나 행동을 하는 것'이다. 이때 힘은 신체적·물리적 힘, 사회적 지위에 따른 권력, 지적 능력을 포괄한다. 대체로 신체적·물리적 힘에 의한 성폭력에는 이의를 제기하지 않지만, 지위와 지적 능력 차이로 발생한 성폭력에 대한 이해는 부족한 편이다.

몇 해 전, 피자집 아르바이트생이 사장에게 지속적으로 성폭력을 당한 것을 견디다 못해 자살한 사건이 있었다.

많은 이가 안타까워했지만, "싫으면 싫다고 했어야지, 왜 말을 못 해?"라며 피해자를 탓한 사람도 일부 있었다. '밀 그램 실험'(미국의 심리학자 밀그램은 실험을 통해 대부분의 인간은 비합리적인 권위일지라도 그에 복종한다는 것을 밝혀냈고, 그럼으로써 인간사의 수많은 비극의 시원에 접근하는 데 성공했다)에서도 알 수 있듯이 개인에게 권위(권력)가 얼마나 강력하게 작용하는지 인정한다면, 왜 거절하지 않았냐고, 왜 저항하지 못했냐고 따져 물을 수는 없을 것이다.

지적 능력의 우위를 이용한 성폭력도 마찬가지다. 지적 수준이나 판단 능력이 아직 영글지 않은 어린아이는 "우리 집에 강아지가 있어, 재밌는 장난감이 있어"라는 말에도 쉽게 유인당한다. 놀라운 것은 생각보다 많은 어른이 "거길 왜 따라갔어?"라며 나무라듯 추궁한다는 것이다.

나와 상담한 남학생들 또한 학년이 그 자체로 권력이 된다는 것을, 여학생 한 명과 남학생 여러 명은 견줄 필요도 없이 신체적 힘의 차이가 확실하다는 것을, 그러므로 여자아이는 성관계에 동의한 것이 아니라 "싫다"라고 말할 수 없었다는 것을 아예 생각조차 못 했다.

성폭력을 당하지 않을 비법 같은 것이 있을까? 단언컨대, 없다. 하지만 적어도 가해 행동을 하지 않거나 성폭력 피해를 인지하고 그에 대처해나갈 방법은 있다. 그 첫걸음이 성폭력이 무엇인지 정확히 아는 것이다.

교육이 끝나는 날 아이들은 말했다. "선생님, 다시는 이런 일 없을 거예요. 하지만 정말 이게 성폭력인 줄은 몰랐어요. 그것만은 믿어주세요."

성폭력인지 몰랐다는 가해자 아이들을 만날 때마다 내가 계속 한 발 늦고 있는 건 아닌지 괜스레 조급해진다.

아직 일어나지 않은 일을 현실로 만들지 말 것

나름 '아이를 자연에서 키워보겠노라' 결심하고 시골로 이사했다. 이사를 하고 보니, 아이가 초등학교에 입학해 스쿨버스를 탈 경우, 마지막 코스가 될 게 뻔한 이 외진 곳까지 아이와 버스 기사 둘이서 오갈 생각을 하니 괜히 불안감이 올라왔다. 모든 버스 기사가 성폭력을 저지를 수 있다는 일반화의 오류로 오염된 걱정이건만 당장 사그라

들지는 않았다. 초등학교 때까진 내가 등하교를 맡는 수밖에 없다고 고민을 정리하려는데… 중학생이 되면? 학교에서 지원해주는 택시를 타고 다녀야 할 텐데? 고등학생 때도 기숙사 아니면 택시이고. 어떤 것도 탐탁지 않았다. 호기롭게 시골로 이사 온 나는 고작 6개월 만에 일어나지도 않은 일에 불안해하고 있었다.

이 불안의 기저엔 '성폭력을 당하면 아이 삶은 끝장이다'라는 고정관념이 있다는 것을 보호자 성교육을 하며 깨달았다.

스쿨버스, 택시, 자취를 선택하지 않으면 성폭력을 피해 갈 수 있을까. 스쿨버스를 타고 택시를 이용하고 자취를 해도 아이에게 성폭력은 일어나지 않을 수 있다. 성폭력 피해를 걱정해서 삶의 선택지를 줄이는 것이 최선은 아닐 것이다.

이대로 불안에 잠식당하면 '성폭력 예방'이 모든 행동과 생각의 이유가 될 것 같았다. 이 불안에 뒤섞인 고정관념을 길어 올려 다시 들여다보고 아이에게 어떤 세계를 먼저 보여줘야 할지 곰곰 생각했다.

답은 단순했다. 예측할 수 없는 위험을 막느라 힘을 빼기보단 아이가 어떻게 하면 행복하게 인생을 꾸릴 수 있을지에 더 집중하기로 했다.

당장 실천할 수 있는 두 가지 기준을 정해보았다. 아이가 도움을 요청하기 전에, 또는 요청한 수준 이상으로 아이의 문제에 개입하거나 내가 나서서 해결하려고 하지 말자, 하루 한 번은 아이를 꼭 끌어안고 "네가 일등일 하든 꼴등을 하든, 네가 건강하든 아프든, 행복한 순간이든 슬픈 순간이든 언제나 널 사랑해" 하고 속삭여주자.

이것이 아이가 겪을지 모르는 폭력을 원천 봉쇄하는 마법의 주문은 물론 아니다. 만에 하나 그런 일이 생겼을 때 아이 스스로 자신의 가치는 그 무엇에도 훼손당하지 않는다는 믿음을 간직하고 당당하게 삶을 이어갈 수 있길 바라는 간절한 기도인 것이다.

답답한 사랑을
풀어줄 때

동료 강사에게서 온 전화 한 통. "선생님, 센터에 유아 성교육 문의가 들어왔는데, 제가 일정이 안 돼서요, 시간 괜찮으시면 쌤 연결해드리려고요." 유아 성교육을 자주 하진 않지만, 전화를 준 강사에게 신세를 진 적이 있어 빚 갚는 마음으로 응했다. 강의 날, 나는 한껏 꾸민 하이톤으로 구연동화와 노래, 율동을 선보이며 성교육을 마쳤다.

그런데 일주일 후 센터 담당자에게서 전화가 걸려 왔다. "선생님, 그날 유아 성교육이요, 어떻게 진행됐는지 자세히 알 수 있을까요?"

어릴수록 어렵다

이런 전화의 목적은 딱 두 가지다. 강의가 무척 좋았다는 피드백을 듣고 내용이 궁금해졌거나, 반대로 너무 엉망진창이란 항의를 받아 정확한 사태 파악이 필요하거나. 센터는 성교육뿐 아니라 성폭력 사건 등으로 항상 정신없이 돌아가기 때문에 구태여 칭찬을 보태려고 강사에게 전화하는 일은 드물다. 결국 용건은 '대체 무슨 짓을 하고 온 거니?'였다. 해당 어린이집에서는 진행 방식이 아이들 눈높이에 맞지 않았고, 그러니 강사료를 깎고 싶다고 했단다. 구체적으로 무엇이 문제였는지는 설명하지 않았다고 한다. 나는 담당자에게 교육 내용을 일일이 설명하며 억울함을 성토했다.

시간이 좀 흐르고 억울하고 화났던 마음이 쓱 뒤로 물러나자, 정말 내 강의에 문제가 있었을지 모른다는 의심이 차올랐다. 부끄러움을 무릅쓰고 어린이집 원장인 지인에게 털어놓고 자문을 구했다. 실마리는 엉뚱한 곳에서 풀리기 시작했다.

"외부에서 정말 많은 강사가 오는데, 대부분은 아이들

에게 어필하려고 준비를 많이 해 와요. 아이들이 좋아할 만한 옷을 입는다든가, 나눠줄 선물을 가져온다든가 그러죠. 그리고 솔직히 성교육은 무료로 지원받는 방법도 있어서 굳이 돈 들여서 강사 초빙하려고 안 하죠."

그날 나의 성교육은 '방법'에 문제가 있었다. 아이들의 호감을 제대로 사지 못했고, 안 써도 될(?) 돈을 쓴 어린이집의 입맛도 맞추지 못한 것이다.

이후 나는 심기일전하여 '마법사와 보물찾기'라는 콘셉트로 마법사 의상을 입고 유아 성교육을 하러 갔다. 아이들의 몸과 마음, 자신을 '보물'로 설정해서 마법사와 함께 찾아보고, 자기 자신이 보물이었음을 발견하는 스토리로 교육을 진행했다. 작은 선물도 준비했다. 그렇게 원생과 원장 모두를 만족시킨 성교육을 할 수 있었다.

20분짜리 강의의 효용

내 경우 성교육 강사로 재위촉을 받으려면 2년에 한 번 보수 교육수강과 함께 강의 시연을 해야 한다(위촉 기관과 수료 기관에 따라 재위촉 조건이 다를 수 있다). 그 자리에 유아 성교육 강의안을 짜 갔을 때, 강의를 피드백해주는 교수와 동료 강사 들은 의외라는 반응을 보였다. 유아 성교육이 워낙 만만치 않다는 걸 알기 때문이다.

유아 성교육은 솔직히 생각보다 어렵다. 처음부터 어려움이 예상되는 교육은 만반의 준비라도 하는데, 만만하게 보고 갔다가 뒤통수 맞기 쉬운 강의가 유아 성교육이다. 강의 시간은 단 20분. 인사와 마무리를 빼면 실제로 주어지는 시간은 15분 정도다. 15분 동안 전달할 수 있는 내용엔 한계가 있다.

대략 '엄마 아빠가 사랑해서 결혼을 하면 엄마 아빠 몸속에 있던 난자와 정자가 만나서 아기가 되고, 아기 궁전인 자궁에서 자란 여러분이 태어난다. 그러니 여러분은 소중한 사람이다'로 시작하고, "그런데"로 반전을 예고하며 성폭력예방교육으로 넘어간다. "안 돼요! 싫어요!" 같이 외쳐보기, 낯선 사람 따라가지 않기, 집에 혼자 있을 땐 아는 사람이 와도 문 열어주지 않기 등을 외우면서 강의는 마무리된다.

그런데 강의가 무사히 끝나도 홀가분하지가 않다. 유아기 경험은 전 생애에 영향을 미친다는데 15분짜리 성교육이 아이들에게 미칠 영향이 무서워진다.

눈높이에 맞춰 말을 고르다 보면 어쩔 수 없이 난점이 생긴다. 난자와 정자는 엄마와 아빠 몸속이 아니라 '여자'와 '남자'에게 있는 것이고, 사랑해서 결혼해야 아이를 낳을 수 있는 것도 아니다. 하지만 이 패턴에서 벗어나면 아이들의 질문 포화 속에 15분은 금세 지나간다. 이런 설명 때문에 조부모와 살거나 비혼모와 비혼부 슬하의 아이가 소외되면 어쩌나, 재생산과 성을 동일시하면 어쩌나 걱정된다.

성폭력 예방 파트에서 제일 부담스러운 부분은 "안 돼요, 싫어요"를 가르칠 때다. 행여나 성폭력 위기에서 그렇게 말하지 못했을 경우에 따라올 무력감과 죄책감은 누가 책임져줄까. 모르는 사람을 따라가선 안 된다고 가르치는 것만큼 현실과 동떨어진 것도 없다. 한국여성정책연구원 2015년 조사 결과, 아동·청소년 성범죄 가해자 가운데 44.3퍼센트가 아는 사람이었다. 그렇다고 아는 사람도 경계하라고 가르치자니 이래서는 세상을 믿지 말라고 가르치는 것 아닌가 싶어 안타깝다.

게다가 유아들은 아는 사람과 모르는 사람의 경계가 모호하다. 놀아주겠다며 친근하게 굴거나 장난감으로 관심을 끌면 모르는 사람도 금세 아는 사람이 되는 것이다. 이를 교묘하게 이용한 유아 성범죄 가해자는 많다.

유아기의 사고는 자기중심적이어서 타인의 사정이나 의도는 고려하지 못하고 모든 걸 '자기'를 기준으로 판단한다. 또한 직접 보고 만지고 맛보며 '감각'을 중심으로 세상을 배우는 시기이기 때문에, 볼 수도 만질 수도 없는 추상적 개념인 '관계'를 이해하는 건 아직 어렵다. 잘 아는 사람과 아예 모르는 사람을 구분해 상대의 의중을 읽고 정확한 타이밍에 거절 의사를 밝히라고 가르치는 건 사실 '미션 임파서블'이다.

친밀한 관계로부터 배우는 거절과 존중

"아이, 싫어요. 엄마! 엄마!"

아이가 할아버지 품에 안겨 애타게 나를 불렀다. 안겨

있다기보다는 할아버지 팔과 옆구리 사이에 끼어 있다는 표현이 더 맞았다. 할아버지는 오랜만에 만난 손녀가 예뻐서 그저 안아주고 싶은 건데, 아이는 불편한지 빠져나오려고 발버둥을 치고 있었다. 나는 반사적으로 "괜찮아, 할아버지가 너 예뻐서 그러시는 거야"라고 말할 뻔했으나, 얼른 정신줄을 잡고 "엄마가 도와줄게. 엄마한테로 오세요" 하며 시아버지에게서 아이를 넘겨받았다.

가까운 친척이나 지인이 아이를 안거나 만지거나 쓰다듬을 때 대부분의 부모는 아이의 의사보다 그러지 말라고 했을 때 멋쩍어할 상대 어른의 심기를 먼저 살핀다. "안 돼요, 싫어요"를 외쳐보는 교육이 무슨 소용인가. 아무리 아이를 사랑하는 어른도 아이들의 "안 돼요, 싫어요"를 존중해주지 않는데.

우리 집에는 '답답한 사랑'이라는 것이 있다. 아이가 누워 있을 때 그 위에서 꼭 끌어안는 행동인데 정작 아이는 무척이나 싫어한다. 아이가 나지막이 싫다고 말해도 아이 반응이 궁금해서 멈추지 않으면, "내가 싫다고 하면 안 해야지!" 하며 소리를 꽥 지른다. 그러면 바로 미안하다고 사과하고 '답답한 사랑'을 멈춘다. 때때로 황급히 몸을 떼느라 사과가 늦어지면 아이는 양팔을 허리춤에 올리고 "미안하다고 해야지!" 하며 사과를 요구하기도 한다. '답답한 사랑'을 참고만 있지 않는다. 내가 그만둘 걸 알기 때문이다.

유아기의 성교육은 성에 관한 지식을 알려주는 것이라기보다는 '존중' 교육이다. '어떤 상황에서도 나는 존중받을 수 있다'는 믿음을 가르치는 것이다(참고로, 이는 성폭력 피해를 회복하는 데에 중요한 부분이다).

나는 오늘도 아이의 "노"에 "오케이"라고 화답한다. "노"는 "노"로, "예스"는 "예스"로 받아들여지는 작은 경험들이 쌓여 단단하게 자라길 바라면서 말이다.

'말하라'고 하기 전에
말할 수 있도록

강의가 끝나자 아이들이 썰물 빠지듯 강의장을 빠져나갔다. 그런데 한 친구가 나가지 않고 내 옆을 서성이기에 고개를 들어 빙긋 웃었더니 그제야 내게 다가와 입을 열었다. "선생님, 아까 죄송했어요."

대뜸 사과라니. 당황스럽기도 하고 궁금하기도 해서 무엇이 미안한지 물었더니, "아까, 역할극 할 때 너무 버릇 없었던 것 같아서요"라는 게 아닌가. 강의 중에 성적 자기 결정권을 설명하며 간단한 역할극을 했다. 내가 성적 접촉의 동의를 구하고, 그 친구가 이를 거절해보는 것이었다.

그때 거절의 표현이 너무 단호했던 게 마음이 불편했단다. 혹시 내 기분을 상하게 했을까, 너무 무례했나 걱정돼 꼭 사과하고 싶었다고.

거절을 거절하는 사회

상황극에서조차 타인에게 "싫다"고 거절하는 게 이토록 마음 쓰이고 어려운 일인데, 실제 상황에서, 그것도 사랑하는 사람이나 믿고 의지했던 사람에게, 아니면 나를 좌지우지 할 수 있는 힘을 가진 사람에게 "싫다"라고 말할 수 있을까.

성인이라고 다르지 않다. 내가 성폭력예방교육을 할 때마다 빼놓지 않는 활동이 하나 있다. 경계 교육이라는 건데, 참가자 한 명과 거리를 두고 마주 서 있다가 내가 참가자에게 점차 다가가는 간단한 활동으로, 거리가 좁혀질수록 변하는 감정을 통해 나와 타인의 안전거리를 생각해보게끔 하는 것이다.

그런데 이상한 점은 내가 상대방의 턱밑까지 다가가도

불편하니 떨어져달라고 먼저 말하는 사람이 단 한 명도 없단 것이다. 오히려 바싹 밀착된 상태인데도 미소를 짓거나 소리 내 웃기까지 한다. 그 상태에서 지금 기분이 어떤지 인터뷰를 하면 그제야 "아, 사실 조금 불편해요"라고 답한다.

우리는 너무나 쉽게 말하라고 한다. 싫으면 싫다고 말을 하라고. 그래서 적극적으로 거부하지 못한 피해자에게 성폭행의 원인을 전가한다. 불편한 상황에서 상대방을 배려해 웃기라도 하면 피해자가 웃음으로 동의했다거나 유혹했다며 피해자를 '꽃뱀'으로 몰고 간다. 그러나 내가 강의에서 만난 성인 대다수가 경계 교육에서 웃음으로 넘어가는 모습을 보였다. "불편하다고 하셨는데, 왜 웃으셨나요?"라고 물어보면 "그러게요, 참 이상하네요"라며 멋쩍게 대답할 뿐이다.

왜 우리 감정과 의사를 있는 그대로 표현하지 못할까? 그것은 아마 이 사회가 '말할 수 없는 사회'이기 때문일 것이다. '다른' 의견은 못마땅해하고 장유유서를 거스르는 행동은 '하극상'이라며 치를 떠는 수직적인 사회다. 타이르는 목소리로 "어른들 말씀 잘 들어야지" 같은 훈시를 들고 자란 아이들이 '말 잘하는' 어른이 되길 바라는 건 조금 앞뒤가 안 맞게 느껴진다.

간혹 "어쨌든 자기 잘못이죠, 저는 제 할 말 다 하거든요"라고 자신 있게 말하는 사람을 만난다. 그 사람은 십중팔구 본인이 속한 집단 안에서 어떤 형태든 일정 이상의 힘을 가지고 있다.

그렇기에 '말하라'고 하기 전에 '말할 수 있는 사회'가 필요하다. 법이나 제도를 바꾸자고 하면 일이 커지는 것 같으니 '분위기를 만들자' 정도면 모두 동참할 수 있지 않을까.

건너뛰지 말고 세심하게

재작년 겨울, 연일 추운 날씨로 집 앞 개울이 얼어 가족 모두가 썰매를 타러 나간 적이 있다. 한참 신나게 놀던 아이가 소변이 보고 싶다기에 오줌을 누이려는데, 잠지가 아프다고 했다. 썰매를 너무 열심히 타서일 거라며 나는 대수롭지 않게 넘겼다. 그런데 그닐 저녁 목욕을 시키려 옷을 벗기니 속옷에 피가 묻어 있었다. 화들짝 놀란 나는 다음 날 날이 밝자마자 아이와 산부인과에 갔다.

접수를 기다리는 동안 담당 간호사가 언제부터 아팠는지, 어떤 증상이 있었는지 등을 확인하며, 진료 보길 원하는 의사가 따로 있는지 질문했다. 아이 걱정으로 마음이 급했던 나는 "아니요, 아무나 빨리 되는 분으로요" 하고 대답해버렸다. 말을 뱉고 보니 아차 싶어 아이에게 설명하고 물어봤다.

"오늘 여기서 의사 선생님을 만나서 네가 얼마나 아픈지, 왜 아픈지 확인하고 주사를 맞거나 약을 먹을 거야. 그런데 지금 네가 잠지가 아프기 때문에, 선생님이 네 잠지를 볼 수도 있어. 괜찮아? 너는 어떤 선생님한테 가고 싶어?"

그랬더니 아이는 의외로 자기 의사를 또박또박 말해주었다. "음, 창피한데, 그러면 나는 여자 선생님한테 가고 싶어요."

다섯 살이라 아무것도 모르겠거니 했던 내가 부끄러웠

다. 뒤늦게나마 아이가 스스로 결정할 수 있게 한 것이 다행이었다.

자기 한계까지 알고 결정하는 것

성적 상황에서 자신이 무엇을 어떻게 할지 결정할 수 있는 권리를 '성적 자기 결정권'이라고 한다. 단순히 스킨십 또는 섹스를 할지 말지 결정할 선택권을 뜻하지 않으며, 성에 대한 개인의 욕구와 감정, 상황, 한계 전부를 아우른다. 어떤 스타일의 옷을 입을지, 스킨십을 할지 말지, 누구와 연애할지, 결혼을 원하는지 비혼을 추구하는지, 아이 계획은 어찌할지 등 한 사람의 일생에서 일어날 수 있는 다양한 일들과 관련돼 있다. 그렇기에 스스로 결정하고 존중받는 경험이 매우 중요하다. 그래야 자기 한계 밖에 있는 상황과 요구를 좀 더 쉽게 인지하고 무엇을 거절할지 알 수 있다.

점심으로 무엇이 먹고 싶은지, 브래지어를 할지 말지, 화장을 원하는지, 무엇을 왜 원하는지부터 편하게 말해보면 어떨까. 자신에세, 그리고 가깝고 친밀한 사람에게 먼저 얘기해보자. 말할 수 있는 분위기란 사소한 내 결정이 인정받는 경험에서부터 만들어질 테니까.

나가며

2019년 여름, 나는 다시 재범방지 교육에 나갔다. 교도소에선 이 교육에 기대가 큰 만큼 프로그램 오염(프로그램이 그 목적과 목표에서 벗어나는 것)에 대한 우려도 컸기에 팀을 꾸리기가 쉽지 않았다. 압박감이 심했는지 어느 날은 함께 교육할 사람을 찾아 헤매다 엉엉 우는 꿈을 꾸기도 했고, 장장 60시간에 달하는 프로그램을 구성하며 둔한 내 머리를 수없이 탓하기도 했다. 다행히 좋은 강사들과 인연이 되어 무사히 프로그램을 운영할 수 있었다.

이번 교육에서는 매시간 마무리를 하며 '오늘의 소감'을 나누었는데, "이렇게 같이 얘기하는 사람들이 있어서 감사, 강사님이 와주셔서 감사" 하고 토씨 하나 틀리지 않고 매번 똑같은 소감을 말하는 참가자가 있었다. 프로그램에 대한 이해도나 표현력이 좀 부족하고, 맥락에서 살짝 벗어나는 말로 종종 웃음을 주는 참가자인지라 그저 출석을 잘하는 것만으로 대단하다고 여겼었다. 솔직히 말하면 그 사람에게 별다른 기대가 없었던 것 같다.

다른 날과 별다를 것 없었던 어느 날, 교육을 마치며 어김없이 '오늘의 소감'을 나누었다. 자기 차례가 되자 그는 고개를 푹 숙이고 몸을 들썩였다. 이번엔 웃음보가 제대로 터졌나 보다 싶어 다들 미소 띤 얼굴로 가만히 그를 바라보고 있었는데, 조용히 고개를 든 그의 얼굴 위로 굵은 눈물이 주르륵 흘러내렸다. 그날 그는 자기 사건을 들여다보고 재해석하는 시간을 가졌었다. 그의 눈물이 무슨 뜻인지는 다 알 수 없지만 하나는 확실했다. 내가 그에게 아무것도 기대하지 않은 것은 너무나 나쁜 일이었다. 나는 또 하나를 깨달았다.

글을 쓰기 시작했을 때는 큰아이가 다섯 살, 작은아이가 두 살이었는데 어느새 3년이 지나 여덟 살, 다섯 살이 되었다. 큰아이는 더 이상 몸놀이나 자위를 하지 않는다. 대신 팬티만 입고 엉덩이 춤을 추는가 하면 자기 엉덩이를 쓰다듬으라며 내게 요구하곤 한다. 또 어디서 주워들었는시 어차하면 "번테!"라고 외치기 일쑤다. 그럴 때면 나는 엉덩이 좀 치우라며 귀찮아하다가도 "탱글탱글 예쁜 엉덩이" 하며 사랑스레 쓰다듬어준다. 내 기분에 따라 이랬다저랬다 하나 싶어 찔리는 날도 있지만, 나도 부모이기 전에 오롯한 성적 존재가 아닌가! 부모로서 얼마나 일관성 있게 반응하느냐보다, 사랑한다는 이유 하나로 상대방의 행동에 늘 동의해야 하는 건 아니며 그것을 어떻게 수용하고 협상할지는 서로의 몫으로 분명히 남겨두는 것이 중요하다고 생각한다. 가끔은 엄마가 아닌 나를 돌아보는 것이 필요함을 이제는 안다.

여전히 나는 공부하고, 강의하고, 밥 차리고, 아이들과 뒹굴며 지낸다. 그리고 그 모든 시간이 나와 내가 만나는 사람들, 결국 우리를 좀 더 행복한 일상으로 이끌어주리라 기대하며 나는 오늘도 학교로, 상담소로, 교정시설로 성교육 하러 간다.

지은이 조아라

현재 공감N소통 성교육연구소 소장이며, 한국양성평등교육진흥원 폭력예방통합
교육 위촉 강사이다. 2009년부터 아동·청소년, 보호자, 교사, 각종 기관 및 단체를 대
상으로 성교육과 성폭력예방교육 등을 진행해왔고, 교정시설에서 의뢰하는 가해자
재범방지 교육에 참여하고 있다.

나는 성을 가르칩니다   발행처   도서출판 마티
집, 학교, 교도소, 상담실에서 해온   출판등록   2005년 4월 13일
성교육 수업   등록번호   제2005-22호
                                       발행인   정희경
조아라 지음   편집   서성진, 조은
                                       표지 디자인   이기준
초판 1쇄 발행 2020년 4월 12일   본문 디자인   조정은
초판 2쇄 발행 2024년 11월 15일
                                       주소   서울시 마포구
ISBN 979-11-86000-99-1 (03370)   잔다리로 101, 2층 (04003)
                                       전화   02. 333. 3110
                                       이메일   matibook@naver.com
                                       홈페이지   matibooks.com
                                       인스타그램   instagram.com/matibooks
                                       트위터   twitter.com/matibook
                                       페이스북   facebook.com/matibooks